_____ 님께

이것이 인간이다

삼가 작은 정성으로
　이 책을 드립니다.

　　년　　월　　일
_____ ㊞

세계명언집

이것이 人間이다

안나산 편저

동양서적

머 리 말

　역사적으로 많은 종교 철학 사상가들은 인간의 본질에 대하여 여러 가지 형태로 정리·발표해 왔다.　인간 본질에 대한 진리를 얻고자 하는 경우에 그 개념이론(概念理論)에 있어서 심한 차이가 야기되더라도 어쩔 수 없는 일이다.　인간의 본질이란 개념은 너무나 넓은 의미가 담겨져 있기 때문이다.
　인간의 본질에 대한 여러 가지 문제와 의문들을 공식화시킨 몇 가지 이론(理論)들이 있다.　먼저 인생본질을 부각시켜놓은 것 가운데에는 역시 인간을 종교적 교리에 입각하여 인간은 창조주의 형상대로 창조되었고 모든 만물을 다스리게 되었다는 창조론(創造論)이다.　도덕이나 고결한 삶을 강조하지 않고 이러한 삶의 토대가 되는 성격과 인격을 강조한 점이다.　자신의 선택에 의해서 죄를 짓기도 하고 또 그 선택에 의해서 구원을 받아들이고 그의 인생에서 새로운 삶을 성취한다는 것이다.
　다음으로 역사의 법칙은 그 본질에 있어서 경제적이며 물질생활의 생산 방식이 생활의 사회적·정치적 그리고 정신적 과정의 일반적 성격을 규정한 유물론(唯物論)이다.　죽은 후의 삶에 대한 믿음의 종교를 환각적인 사상의 하나로서 무시하고자 했고 개인에 대한 모든 것은 그의 생활의 물질적인 조건에 의해서 결정된다는 것을 강조한다.　한 인간이 무엇을 하든지 그것은 본질적으로 사회적인 행동이고 그 행동은 어떤 형식이든 간에 그와 관련을 맺고 있는 다른 사람들의 존재를 전제로 하고 있다는 것이다.
 또 다음으로 인간의 존재는 그 본질에 선행한다고 표현하는 실존주의론(實存主義論)이다. 인간은 어떤 목적에 따라 만들어지지 않았고 또 신이 창조한 것도 진화에 따라 생겨난 것도 아니고 그 어떤 무엇에 의해서도 창조된 것이 아니라는 것이다. 오직 인간이 존재하고 있음을 발견하게 될 뿐 그 다음은 인간자신이 어떤 존재가 될 것인가를 결정해야 한다는 것이다.
 한편 하늘과 땅은 영원하다는 도(道)의 본질 이론이 있다. 일체 만물은 생성화육(生成化育)하는 천지 대자연의 존재는 진실로 유구 영원하다는 것이다. 천지 자연이 영원한 까닭은 무욕 무실이기 때문에 영원한 생성자일 수 있다고 강조한다. 인간을 포함한 만물은 생멸 변화를 되풀이하는 유한의 존재이고, 만물의 생멸과 변화를 초월하여 유구하며 무한한 것이라고 하는 것이다.
 그리고 음기(陰氣)와 양기(陽氣)를 포함하여 만물이 혼연히 하나로 풀려 화합(化合)하고 그 음과 양의 조화로서 자연이 생극제화(生剋制化)되어 만물이 생명(生命)한다고 그 본질을 설명하는 태극론(太極論)이다.
 인간을 이원론(二元論)으로 보는 견해도 있다. 인간의 영체라고 한다. 인간의 영혼은 탄생하기 전에도 계속 존재해 있었고 그가 죽은 후에도 영원히 존재한다고 주장하고 있다.
 또 무신론적 입장에서 본질을 설명하는 자연발생론(自然發

生論)이 있다. 모든 형상은 물리학과 화학 법칙에 의해 결정되며 인간 자신조차도 종국적으로 그와 같은 법칙에 종속되는 자연적인 산물이라고 하는 것이다.

그리고 형상론(形相論)으로 인간의 본질을 전개한 것도 있다. 인간이 근원적으로 사회적연 존재라고 지적하고 있다.

그리고 인간 본질론의 또 다른 이론은 인간 행동에 대한 경험적 연구만이 인간 본질에 대한 진정한 이론에 도달할 수 있는 유일한 방법이라고 하며 그 어떠한 형이상학적 이론도 거부하고자 하는 이론이다.

또 진화론에 바탕을 둔 인간 본질론도 있다. 인간은 다른 동물들로부터 진화된 동물의 하나로 보며 인간의 실체는 그 생리가 현저하게 다른 동물과 연속을 보여주고 있는 것처럼 인간의 행동 양태들도 기본적으로는 동물과 유사한 것이라고 주장한다.

이 이외에도 여러 본질론이 있을 수 있다. 그러나 여기에서 본질론을 모두 나열하여 인생에 관한 결론을 얻어 내고자 하는 것도 아니고 실상 그것을 모두 설명하더라도 인간의 본질에 대한 진리의 제시는 얻어 낼 수 없다. 하지만 각각의 이론은 인간 자신을 그리고 실제에 있어서 인간의 위치를 이해하는 데 결정적인 도움이 될 것이다.

우리는 이러한 다양한 인간 본질에 대한 이론들을 서로를 상쇄(相殺)하는 것으로서가 아니라 서로를 보완(補完)하는 것으로 다루어야 한다. 그러나 선천적인 것과 후천적인 문제, 유신론과 유물론의 문제 등의 대립의 양상은 피할 수 없는 것이다. 인간의 본질은 물리 과학이나 사회 과학에만 해당되는 주제가 아니다.

 궁극적으로 이것은 과학과 전통적으로 인문학(人文學 = The humanties)이라는 것과의 경계를 무너뜨리게 할만큼 포괄적인 주제이기 때문이다. 태어나기 이전에 관한 나의 존재에 앞선 문제나 죽은 뒤에 오는 나의 존재 이후의 문제보다도 지금 현재에 존재하고 생존하고 있는 인생의 내면세계를 들춰봄으로서 그래도 인간 본질의 터득에 가장 절실한 방편이 될 수 있으리라고 생각한다. 매사가 그렇듯이 깊이 있는 내부의 인식만이 올바른 이해가 가능한 것이기에 여기 수록하는 인생에 관한 명언들은 인간의 폐부를 겨냥해 인간을 해부시켜 깊숙이 가리어진 인간의 내면세계를 들추어낸 것들을 채록하였음을 밝혀둔다.

 오늘날 도덕과 신앙은 가장 엄숙한 마음에서의 확신에서 이루어지지 않고 현실적 행위에 다급할 때만 불러들이는 도구처럼 사용되어지고 있다. 신은 이미 죽었다고 말한 한 사상가의 말과 같이 현대는 분명히 신을 잃은 것은 말할 것도 없고 마음속으로부터 바라 볼 수 있는 진리를 잃어가고 있다.

 현대의 인간은 개인의 양심은 뒷전에 밀리고 이익을 더 소중히 여기는 물질만능사회의 급류에 휘말려 표류하고 있는 지금 우리는 「머무르는 지혜」를 갖고 인생을 곰곰히 생각해 보며 살아가야 한다.

계간 인간시대 창간 12주년의 해   2000년 1월
안 나 산 근서

차 례

머리말 / 7
축간·지란지교 / 14

제1장 인생(人生)에 대한 ················· 21
① 인생·죽음 ······························· 23
② 운명·성공 ······························· 39
③ 행복·지혜 ······························· 48

제2장 남자(男子)에 대한 ················· 65
① 남자 ····································· 67
② 우정 ····································· 72

제3장 여자(女子)에 대한 ················· 79
① 여자 ····································· 81
② 여성의 논리 ····························· 90
③ 화장·연령 ······························· 97
④ 남녀의 비교 ····························· 100

12 차례

제4장 결혼(結婚)에 대한 ··················· 109
① 결혼·부부 ······················· 111
② 부모·자녀 ······················ 118
③ 가정·취미 ······················ 122

제5장 생활(生活)에 대한 ··················· 129
① 음식·담배·술 ··················· 131
② 의복·주택 ······················ 138
③ 금전·사교·신체 ················· 140
④ 세상만태 ······················· 161

제6장 연애(戀愛)에 대한 ··················· 167
① 연애 ··························· 169
② 애정 ··························· 176

제7장 사회(社會)에 대한 ··················· 183
① 주의·혁명 ······················ 185

② 역사·정치 ································· 187
③ 전쟁 ······································ 192
④ 세계 ······································ 195

제8장 진리(眞理)에 대한 ···················· 199
① 진리·사상 ································ 201
② 예술·독서 ································ 207
③ 교육·학문 ································ 217
④ 종교·악마 ································ 219
⑤ 동물 ······································ 224
⑥ 천문 ······································ 232

제9장 임종(臨終)의 말 ······················ 237
① 유언(遺言) ································ 239

제10장 시인(詩人)의 비문(碑文) ············ 261
① 시비문(詩碑文) ···························· 263
② 효비문(孝碑文) ···························· 285

「지란지교」 수록에 대한 「편저자」가 드리는 말씀

　유안진교수의 「지란지교(芝蘭之交)」는 이미 발표되고, 널리 알려진 명문이다.

　편저자는 평소에 존경하는 유안진교수의 아낌없는 격려를 받으며 지내오는 터로서 처음 이 책을 펴내면서 책머리에 유교수의 글로 장식하고 싶어 추천사의 집필을 의뢰하기로 마음 먹었다.

　허나, 추천의 글이란 본시 좋으나 싫으나 결국 저자의 극찬으로 마무리되는 예문이란 것을 잘 알고 있는 터에 졸저에는 무리라는 판단에 이르러 차라리 유교수의 글 한편을 게재하는 편이 독자에 도움이 되겠다 싶어 이 책 내용의 주제에 부합되는 원고를 청탁하기로 마음을 바꿨다.

　그러하여 이러한 뜻을 전하였더니 평소에 베풀어 주듯 편저자의 뜻대로 하라는 관대한 승락을 받았다.

　이렇게 해서 이 책 머리에 「♧ **축간** ♧」이란 이름으로, 편저 내용 중 "우정"편에 전문을 게재하고 싶은 "지란지교"를 수록하게 되었다.

　너무나 잘 알려진 글이기에 많은 사람들이 이미 접해 보았을 것이나 다시 한번 만나 보아도 유익한 기회가 될 것이라 생각된다. 물론 처음 대하는 이에게는 더할 나위 없는 좋은 기회가 될 것이라 믿는다.

안　나　산

♣ 축 간 ♣

시인·서울대 교수

柳 岸 津

芝 蘭 之 交

저녁을 먹고 나면 찾아가 차 한잔을 마시고 싶다고 말할 수 있는 친구가 있었으면 좋겠다.

입은 옷을 갈아입지 않고 심치 냄새가 좀 나더라도 흉보지 않을 친구가 우리집 가까이에 있었으면 좋겠다.

비오는 오후나 눈내리는 밤에 고무신을 끌고 찾아가도 좋을 친구. 밤 늦도록 공허한 마음도 마음놓고 보일 수 있고, 악의 없이 남의 이야기를 주고받고 나서도 말이 날까 걱정되지 않는 친구가……

사람이 자기 아내나 남편, 제 형제나 제 자식 하고만 사랑을 나눈다면 어찌 행복해질 수 있으랴.

영원이 없을수록 영원을 꿈꾸도록 서로 돕는 영원한 친구가 필요하리라.
그가 여성이어도 좋고 남성이어도 좋다.
나보다 나이가 많아도 좋고 동갑이거나 작아도 좋다.
다만, 그의 인품이 맑은 강물처럼 조용하고 은은하며, 깊고 신선하며, 예술과 인생을 소중히 여길 만큼 성숙한 사람이면 된다.
그는 반드시 잘생길 필요도 없고, 수수하나 멋을 알고 중후한 몸가짐을 할 수 있으면 된다. 때로 약간의 변덕과 팬한 흥분에도 적절히 맞장구를 쳐주고 나서, 얼마의 시간이 흘러, 내가 평온해지거든, 부드럽고 세련된 표현으로 충고를 아끼지 않았으면 좋겠다.
나는 많은 사람을 사랑하고 싶진 않다. 많은 사람과 사귀기도 원치 않는다.
나의 일생에 한 두 사람과 끊어지지 않는 아름답고 향기로운 인연으로 죽기까지 지속되길 바란다.
나는 여러 나라 여러곳을 여행하면서, 끼니와 잠을 아껴 될수록 많은 것을 구경하였다. 그럼에도 지금은 그 많은 구경 중에 기막힌 감회로 남은 것은 거의 없다. 만약 내가 한 두 곳 한 두 가지만 제대로 감상했더라면, 두고두고 되새겨질 자

지란지교　17

산이 되었을 걸……

　우정이라면 사람들은 관포지교를 말한다. 그러나 나는 친구를 괴롭히고 싶지 않듯이 나 또한 끝없는 인내로 베풀기만 할 재간이 없다.

　나는 도를 닦으며 살기를 바라지 않고, 내 친구도 성현같아 지기를 바라진 않는다. 나는 될수록 정직하게 살고 싶고, 내 친구도 재미나 위안을 위해서, 그저 제자리에서 탄로나는 약간의 거짓말을 하는 재치와 위트를 가졌으면 하고 바랄 뿐이다.

　때로 나는 얼음 풀리는 냇물이나, 가을 갈대 숲, 기러기 울음을 친구보다 더 좋아할 수 있겠으나 결국은 우정을 제일로 여길 것이다.

　우리는 흰눈 속 참대같은 기상을 지녔으나 들꽃처럼 나약할 수 있고 아첨 같은 양보는 싫어하지만 이따금 밑지며 사는 아량도 갖기를 바란다.

　우리는 명성과 권세, 재력을 중요하지도 부러워하지도 경멸하지도 않을 것이며, 그보다는 자기답게 사는데 더 매력을 느끼려 애쓸 것이다.

　우리가 항상 지혜롭진 못하더라도, 곤란을 벗어나려고 진실일지라도 타인을 팔진 않을 것이다.

오해를 받더라도 묵묵할 수 있는 어리석음과 배짱을 지니기를 바란다.
 우리는 시기하는 마음 없이 남의 성공을 이야기하며, 경쟁하지 않고 자기 일을 하되 미친 듯 몰두하게 되기를 바란다.
 우리는 우정과 애정을 소중히 여기되, 목숨을 거는 만용도 피할 것이다.
 그래서 우리의 우정은 애정과도 같으며, 우리의 애정도 우정과 같아서 요란한 빛깔도 시끄러운 소리도 피할 것이다.
 그는 때로 울고 싶어지기도 하겠고 내게도 울 수 있는 눈물과 추억이 있을 것이다.
 우리에게 다시 젊어질 수 있는 추억이 있으나 늙는 일에 초조하지 않는 웃음도 만들어낼 것이다.
 우리는 눈물을 사랑하되 헤프지 않게, 가지는 멋보다 풍기는 멋을 사랑하며, 냉면을 먹을 때는 농부처럼 먹을 줄 알며,
 스테이크를 자를 때는 여왕처럼 품위 있게
 군밤을 아이처럼 까먹고
 차를 마실 때는 백작보다 우아해지리라.
 천년을 늙어도 항상 가락을 지니는 오동나무처럼, 인생을 춥게 살아도 향기를 팔지 않는 매화처럼 자유로운 제모습을 잃지 않고 살고자 애쓰며 격려하리라.

우리는 누구도 미워하지 않으며, 특별히 한 두 사람을 사랑한다 하여 많은 사람을 싫어하진 않으리라.

내가 길을 가다가 한 묶음의 꽃을 사서 그에게 들려줘도 그는 날 주책이라고 나무라지 않으며 건널목이 아닌데도 찻길을 건너도 나의 교양을 비웃지 않을 게다. 나 또한 더러 그의 눈에 눈꼽이 끼더라도, 잇사이에 고춧가루가 붙었다 해도, 그의 숙녀됨이나 신사다움을 의심하지 않으며, 오히려 인간적인 온유함을 느끼게 될 게다.

우리의 손이 비록 작고 여리나 서로를 버티어주는 기둥이 될 것이며, 우리의 눈에 핏발이 서더라도 총기가 사라진 것은 아니며, 눈빛이 흐리고 시력이 어두워질수록 서로를 살펴주는 불빛이 되어 주리라.

그러다가 어느 날 홀연히, 마지막이 오더라도 축복처럼 웨딩드레스처럼 수의를 입게 되리라.

같은 날 또는 다른 날이라도,

세월이 흐르거든 묻힌 자리에서 더 고운 품종의 지란이 돋아 피어 맑고 높은 향기로 다시 만나리. ♣

제1장 인생(人生)에 대한

① 인생·죽음
② 운명·성공
③ 행복·지혜

제1장 인생(人生)에 대한

1 인생·죽음

가난한 농부의 아들로 태어나 노력해서 재상이 됐다. 그의 아들은 재상의 아들로 태어나 방탕을 했다. 그러므로 재상의 아들보다 빈농의 아들이 낫다.
임어당 <중국 학자>

*

인간이란 원래 홀로 태어나서 홀로 죽어갈 수밖에 없는 존재이다.
파스칼 <불란서 철학자>

*

눈물에 젖은 빵을 먹어 본 자가 아니면 인생의 참 맛을 모르는 법이다.
괴테 <독일 시인>

*

인간은 아직까지도 모든 컴퓨터 중에서 가장 훌륭한 컴퓨터이다.
케네디 <미국 대통령>

*

생활은 통틀어 두 가지로 성립되어 진다. 하고 싶은데

하면 안된다. 할 수 있지만 하고 싶지 않다.

괴테 <독일 시인>

*

인간은 여러 관계의 뭉치이며 여러 뿌리의 매듭이며 또한 그 꽃과 열매는 이 세상이다.

에디슨 <미국 발명가>

*

사람은 내일을 기약하며 오늘을 위로한다. 그 '내일'은 그를 무덤으로 인도하는 그날까지다.

투르게네프 <러시아 작가>

*

이 세상은 하나의 극장이다. 인간이 하는 것은 한 바탕의 연극이다.

크리쏘스토무스 <그리스 사제>

*

모든 인간의 일생은, 신의 손으로 쓰여진 동화에 지나지 않는다.

안델센 <덴마크 작가>

*

사람의 일생 중에는 활활 타오르는 불꽃일 때와, 다 꺼진 재일 때가 있다.

레네 <불란서 시인>

*

오늘의 하나는 내일의 둘보다 낫다.

프랭클린 <미국 정치가>

내일 무엇을 할 것인지를 모르는 인간은 불행하다.
꼬리끼 <러시아 작가>

*

인생은 연극과 같다. 잘하는 배우가 거지 역을 맡기도하고, 서툰 배우가 원님이 되기도 한다. 여하간 너무 지나치게 인생을 중시하지 말며, 온 몸을 바쳐서 행사에 한마음이 될 지어다.
후꾸자와 유끼찌 <일본 교육가>

*

인생의 큰 목적은 지식이 아니라 행동이다.
헉슐리 <영국 생물학자>

*

잘 지낸 하루가 행복한 잠을 가져다주듯이, 잘 쓰여진 인생은 행복한 죽음을 가져온다.
다빈치 <이태리 화가>

*

사람의 생활에 특별한 목적은 없다. 살아 있는 것 그 자체가 목적이다.
아르치바셰프 <러시아 작가>

*

사람은 많은 것을 원하나 그에게 필요한 것은 극히 적은 것이다. 인생은 짧고 인간의 운명은 유한하기 때문이다.
괴테 <독일 시인>

사람은 조물주가 만든 최고의 걸작이다. 하지만 그런 표현을 한 것은 바로 사람이다.

가바르니 <불란서 화가>

*

만물은 유전한다.

헤라클레이토스 <그리스 철학자>

*

일을 즐겁게 하는 자는 세상이 천국이요. 일을 의무라고 생각하는 자는 세상이 지옥이다.

레오나르도 · 다 · 빈치 <이태리 화가>

*

인생은 4층집 건물이다. 즉 육체, 정서, 지성, 정신을 쌓아 올려 만든 4층 건물이다.

챗서 <영국 심리학자>

*

우리의 지상은 커다란 국도이다. 우리 인간은 통행자이다. 전령이나 급사처럼 도보로 혹은 차를 타고 뛰고 또 달린다.

하이네 <독일 시인>

*

인생은 석재이다. 여기에 신의 모습을 조각하건 악마의 모습을 조각하건, 각자의 자유이다.

스펜서 <영국 철학자>

*

이 세상은 한 권의 아름다운 책이다. 그러나 그것을

읽지 못하는 인간에게는 아무런 쓸모가 없다.

　　　　　　　　　　골드니 <이태리 작가>

　　　　　　　　*

우리가 다른 사람들의 존경을 받을 가치가 있다는 자신감이 좀더 강했다면 사람들의 존경을 받으려는 야심은 줄어 들었을 것이다.

　　　　　　　　보브나르그 <불란서 모랄리스트>

　　　　　　　　*

사람에게 가장 많은 재난을 안겨주는 존재는 바로 사람이다.

　　　　　　　　플리니우스 1세 <로마 박물학자>

　　　　　　　　*

인생은 한 권의 책과 닮았다. 바보들은 그것을 건성으로 마구 넘기지만 현명한 인간은 정성드려 그것을 읽는다. 왜냐하면 그들은 그걸 단 한 번밖에 읽을 수가 없다는 것을 알고 있기 때문이다.

　　　　　　　　잔·파울·리히터 <독일 작가>

　　　　　　　　*

우리들은 울면서 태어나서 불행을 말하며 살다가, 실망해서 죽는다.

　　　　　　　　　　　　<영국 속담>

　　　　　　　　*

이기주의는 인류 최대의 재앙이다.

　　　　　　　　글래드스탄 <영국 정치가>

세상살이는 계단 같은 것이다. 어떤 사람은 오르고, 어떤 사람은 내려간다.
<짚시 속담>

*

세상은 바다와 닮았다. 헤엄치지 못하는 자는 물에 빠진다.
<스페인 속담>

*

사람은 천사도 아니지만 짐승도 아니다. 그러나 불행한 점은 사람이 천사처럼 생각하면서 짐승처럼 행동한다는 것이다.
파스칼 <불란서 철학자>

*

어떤 경우에도 기쁨이 크면 클수록 그에 앞서서 큰 고통이 따른다.
아우구스티누스 <그리스 철학자>

*

인생은 천국에 들어가기 위한 검열기간이다.
<아라비아 속담>

*

나는 알몸으로 이 세상에서 태어났다. 알몸으로 이 세상에서 떠나지 않으면 아니된다.
세르반테스 <스페인 작가>

*

인생은 걷고 있는 그림자에 지나지 않는다. 단지 한

때나마 무대 위에서 오르락 내리락 하다가 이제는 소문에 오르지도 않게 된 비참한 배우신세이다.
셰익스피어 <영국 극작가>

*

인생은 때로는 난파선으로 밖에 여길 수 없는 때도 있다. 그 조각은 우정이나 영광이나 연애이다. 우리가 생존 중 흘러가는 시간이라는 언덕은 이 같은 유기물로 꽉 차있다.
스탈 <불란서 여류문학자>

*

산다는 것은 어느 꿈을 그리워하는 고독이다.
조병화 <한국 시인·학자>

*

우리가 천성적으로 타고난 감정 중에서 자부심만큼 억제하기 어려운 것은 없다. 자기가 완전하게 이것을 이겨냈다고 생각할 수 있다고 해도 그것은 자기의 겸허함을 자부하는 것이기 때문이다.
프랭클린 <영국 탐험가>

*

인생이란, 차표를 사서 궤도 위를 달리는 차 속의 사람에게는 알 수 없는 것이다.
모옴 <영국 작가>

*

어떤 사람은 인생의 허망함을 역설하고 어떤 사람은 인생의 중요함을 역설한다. 양쪽의 말씀을 잘 들어둠이 좋겠다. 그 대신 양쪽 모두 절반만이 옳다는 것을 잊지 말라.

보덴슈뎃드 <독일 시인>

*

인생에서 가장 견디기 어려운 것은, 많은 경험을 쌓은 사람들의 말처럼 악천후가 계속되는 것이 아니라 구름 하나 없는 맑은 날이 계속되는 것이다.

힐티 <스위스 역사가>

*

인생에 있어서는 우연을 고려해 넣어야만 한다. 우연이란 필경 신을 말한다.

A·불란서 <불란서 작가>

*

인생에 있어서 큰 기쁨은, 당신은 못 해낸다고 세상에서 말한 것을 당신이 해냈을 때이다.

월터·파좃트 <영국 경제학자>

*

아무리 행운이 넘쳐 보이는 사람이라 해도 죽음을 맞이하기 전까지는 부러워할 필요가 없다. 모든 운은 그날 결정된다.

에우리피데스 <그리스 작가>

*

이 세상의 기쁨은 완전한 것이 아니다. 기쁨에는 고통의 맛이 섞여야 하고 벌꿀에는 땀방울이 섞여야 한다.

롤렝하겐 <독일 교육가>

세계는 항상 두팔을 벌려서 영재를 받아들이고자 하고 있다.

홈즈1세 <미국 의사>

*

추위에 떨었던 자일수록 태양의 따뜻함을 느낀다. 인생의 괴로움을 겪어온 자일수록 생명의 존귀함을 안다.

호잇트먼 <미국 시인>

*

연회에서와 똑같이, 인생에서도 너무 마시지도 말고, 목이 마르지도 않았을 때에 그 자리를 떠나는 것이 제일 좋다.

아리스토텔레스 <그리스 철학자>

*

만약에 인생이 재 출판된다면 나는 교정하고 싶다.

끄레어 <영국 시인>

*

증오는 사람을 장님으로 만든다.

와일드 <영국 시인>

*

혈기에 찬 분노는 있어서는 안 되고, 이(理)와 의(義)에 찬 분노는 없어서는 안 된다.

중국 <주자 학자>

*

분노를 모르는 사람은 어리석다. 그러나 분노를 알

면서도 그것을 참을 줄 아는 사람은 현명하다.

<영국 속담>

*

분노는 다른 사람에게도 피해를 끼치지만 분노를 드러낸 당사자에게는 더 많은 피해를 끼친다.

톨스토이 <러시아 작가>

*

즐거움은 가끔씩 찾아오는 손님이지만 고통은 항상 우리를 따라 다닌다.

키츠 <영국 시인>

*

하늘이 치유할 수 없는 슬픔은 이 세상에 존재하지 않는다.

모어 <영국 정치가>

*

기쁨에 대한 추억은 이제 기쁨이 아니다. 하지만 슬픔에 대한 추억은 여전히 슬픔이다.

바이런 <영국 시인>

*

인생에는 두 가지의 비극이 있다. 하나는 당신이 원하는 것을 얻을 수 없을 때요, 또 하나는 원하는 것을 얻었을 때다.

버나드 쇼 <영국 극작가>

*

고통스러울 때에는 자기보다 더욱 불행한 사람이 있

다는 것을 생각하라.

고갱 <불란서 화가>

*

고독다운 고독은 지성을 동반한 정신인에게만 가능하다.

김형석 <한국 철학자>

*

배의 두께가 손가락 네 개 폭임을 알고는 「아나칼시스」는 말했다. 「이 두께가 선객과 죽음과의 거리이다」라고.

디오게네스 · 라엘티오스 <그리스 철학자>

*

인간이란 거래를 하는 동물이다. 그러나 개는 뼈를 교환하지 않는다.

아담 · 스미스 <영국 경제학자>

*

인간이라는 것은 궁극적으로 논해서 소화기와 생식기로 이루어져 있다.

구르몽 <불란서 시인>

*

우리는 울면서 태어나서 고통 속에서 살며 실망을 안고 죽는다.

프라<영국 신학자>

*

사람은 아무 할 말이 없으면 욕을 한다.

볼테르 <불란서 시인·역사가>

*

　인간은 자연 가운데서도 가장 약한 한 대의 갈대에 지나지 않는다.　다만 그것은 생각하는 갈대인 것이다.
파스칼 <불란서 사상가>

*

　배고픈 사람들을 모아 놓고 영생을 강조하는 것처럼 어리석은 일은 없다.
김동길 <한국 역사학자>

*

　만약 당신이 그 올바른 읽는 법을 알고 있다면 인간은 한 사람 한사람이 한 권의 책이다.
윌리엄·차내이2 <미국 목사>

*

　살아 있는 인간은 장화가 없어도 괜찮지만, 죽은 인간은 관이 없어선 안된다.
푸시킨 <러시아 시인>

*

　큰 바다보다도 더욱 장대한 것은 높은 하늘이다.　저 하늘보다도 더욱 장대한 것은 인간의 마음이로다.
위고 <불란서 작가>

*

　지구는 피부를 갖고 있다.　그리고 그 피부는 여러 가지 질병을 갖고 있다.　그 질병의 하나가 인간이다.
니체 <독일 철학자>

인격을 수목이라고 한다면, 명성은 그 그림자 같은 것이다. 그 그림자는 수목에 따라서 우리들이 생각했던 것이지만, 수목은 수목 그것이다.

링컨 <미국 대통령>

*

마냥 비방만 당하는 사람, 마냥 칭찬만 받는 사람, 그러한 사람은 과거에도 없었고 현재에도 없고 미래에도 없다.

<법구경>

*

만나서 알게 되고 사랑하고, 그리고 이별하는 것이 수많은 인간의 슬픈 이야기이다.

꼴릿지 <영국 시인>

*

매일, 매주, 매월, 매 계절, 달라진 것은 조금도 없다. 같은 시간에 출근하고 같은 시간에 점심 먹고 같은 시간에 퇴근한다. 그것이 스무 살에서 예순 살까지 계속되는 것이다. 그동안 대서 특필할 사건은 네 가지 밖에 없다.
결혼, 첫 애의 출산, 아버지와 어머니의 죽음 그리고 그밖에는 아무 것도 없다. 아차 승급이 있었구나.

모파상 <불란서 작가>

*

한 인간의 목격은 열 명의 소문보다 무섭다.

프라웃스 <로마 희극작가>

살아가는 기술이란 하나의 공격목표를 골라서 거기에 집중하는 데에 있다.

앙드래·모로어 <불란서 작가>

*

태어나기는 쉬우나 사람이 되기는 어렵다.

<필리핀 속담>

*

나와서 부르 짖는다.   이것이 살고 있는 것이지. 하품을 하고는 떠나간다.   이것이 죽는 것이지.

오조·드·산쎌 <불란서 문학자>

*

아홉 달에 걸쳐서 인간은 살아갈 준비를 갖추지만, 인간을 죽음에 인도함에는 일순간 밖에 필요치 않다.

로궈 <독일 시인>

*

죽음을 가볍게 여기고 날뛰는 것은 소인의 용기다. 죽음을 무겁게 여기고 의(義)를 가지고 행동하는 것이 군자의 용기다.

순자 <중국 유학자>

*

사람은 처음 호흡하는 순간에 죽어야 할 소질을 부여 받는다.

포프 <영국 시인>

*

인간이 지상에서 즐기기 위해서는 얼마 되지 않는 흙

덩이면 족하다. 지하에서 쉬기 위해서는 더욱 적은 흙덩이만 있으면 된다.

괴테 <독일 시인>

*

소리나지 않는 것 세 가지. 하나, 살짝 내려 쌓이는 눈. 하나, 날이 새기 전. 하나, 죽어버린 사람의 입.

아디레이트·꾸레푸시 <영국 저술가>

*

매장된 황제보다는 살아있는 거지인 편이 났다.

라·폰테느 <불란서 시인>

*

장례식 – 죽은 이에게 경의를 표하고 장의사에게 부를 주기 위한 행렬.

<서양 속담>

*

사람에게 최선책은 태어나지 않는 것이며 차선책은 하루라도 빨리 죽는 것이다.

디오그니스 <그리스 철학자>

*

사람은 무덤에 들어가지 전까지는 결코 행복하다고 말할 수 없다.

오비디우스 <로마 시인>

*

한숨을 깊게 하고 눈물을 흘리게 한다는 낭비는 우리들의 애상을 짙게 한다.

피아스 <미국 저널리스트>

*

인간의 일생에는 구두쇠라도 양보하는 순간이 있다. 그것은 유언을 쓸 때이다.

모란 <불란서 작가>

*

오늘은 인간, 내일은 까만 흙

<유고 속담>

*

내가 죽었을 때 나를 위해 울어 주려거든 내가 아직 살아있을 동안에 불쌍히 여겨 동정해 다오.

<유고 속담>

*

사람의 운명은 정해진 규칙대로 움직이는 레이스가 아니라 보물찾기 같은 것이다.

에렌브루크 <러시아 작가>

*

죽음은 모든 것을 평등하게 만든다.

크로디아누스 <라틴 시인>

*

아버님 왜 죽음을 두려워하십니까. 죽었던 것을 경험한 분은 없지 않습니까.

<러시아 속담>

*

우리들이 태어난 방법은 하나인데 죽는 방법들은 각

양 각색이다.

<유고 속담>

2 운명·성공

우리들은 운명에게 강하게 두들겨 맞거나 부드럽게 두들겨 맞거나 하는데 그것은 우리들의 소질 문제이다.
엣센밧하 <독일 작가>

*

운명이 카드를 섞고 우리가 승부한다.
쇼팬하웰 <독일 철학자>

*

모든 일은 어려운 고비를 넘겨야 쉬워진다.
프라 <영국 신학자>

*

우리의 인간들은 바보임으로 발 밑에 굴러 떨어져 있는 행운은 못 본 채 지나가고 손이 닿지 않는 것만을 구하며 쫓아 다닌다.
핀다로스 <그리스 서정시인>

*

보통 사람들은 운명에게 과도한 요구를 함으로써 스스로 불만의 씨앗을 만들고 있다.
훈·볼트 <독일 철학자>

완전한 소유란 결국 남에게 자신을 바치는 일 이외의 어떤 것으로도 이룰 수 없다.
앙드레·지이드 <불란서 작가>

*

평탄한 길에서도 넘어지는 수가 있다. 인간의 운명도 그런 것이다. 신 이외의 누구도 진실을 아는 자는 없기 때문이다.
체홉 <러시아 작가>

*

바르게 사는 것과 현실적 성공을 양자택일해야 할 때 주저없이 바르게 사는 길을 선택해야 한다.
김대중 <한국 대통령>

*

전쟁은 전쟁을 낳고 복수는 복수를 부른다. 그리고 호의는 호의를 낳고 선행은 선행을 부른다.
에라스무스 <네덜란드 사상가>

*

운명은 귀머거리이다.
웨두리피데스 <그리스 비극작가>

*

최고에 도달하고 싶다면 최저부터 시작하라.
실스 <로마 극작가>

*

오 운명이여! 운명이여! 사람들은 모두가 너를 바람둥이라고 말한다.

셰익스피어 <영국 극작가>

*

이것이 운명이다.
임신과
장례식과의 사이에
있는 것은 단지 괴로움 뿐

케스트너 <독일 작가>

*

상담할 때는 과거를, 향락할 때는 현재를, 추진하고자 할 때는 미래를 생각함이 좋다.

쥬벨 <불란서 도덕가>

*

일은 사람의 마음과 마찬가지로 이치에 맞지 않는 방향으로 진행되는 경우가 있다. 그럴 경우에는 모든 것을 운에 맡기는 것이 편하다.

루키디데스 <그리스 작가>

*

부귀영화는 언제든지 어낌없이 보낼 각오를 하고 있으라

아우렐리우스 <이태리 황제·철학자>

*

시간의 지남이 빠르게 여겨지는 것은 인생이라는 것을 깨닫기 시작했기 때문이다.

깃싱 <영국 작가>

시간의 걸음은 세 겹이다. 미래는 주저하면서 다가오고 현재는 화살처럼 빨리 날아가고 과거는 영구히 조용하게 서 있다.

실러 <독일 시인>

*

희망은 튼튼한 지팡이다. 인내는 길손의 장비이다. 사람은 그것을 몸에 지니고 세계와 묘지를 통과하며 영원에의 나그네 길로 오른다.

로귀 <독일 시인>

*

희망에 의해서 사는 자는 음악 없이 춤추는 것과 같은 것이다.

<영국 속담>

*

기다림으로만 사는 자는 굶어서 죽는다.

<이태리 속담>

*

대해의 노도 속에 떨어진 자석과 같이 인간의 인내는 역경 속에 있어도 곧 분간이 된다.

푸리드리히·훠크 <독일 시인>

*

청년시대에는 불만이 있더라도 비관해서는 안된다. 언제나 맞서 싸우고 또한 자기를 지키라. 만약에 가시덤불을 밟지 않으면 안되는 것이라면 밟는 것도 좋지만 밟지 않고 될 일이면 함부로 밟을 것이 아니다.

운명 · 성공

노신 <중국 작가>

*

40세는 청춘의 노년이요. 50세는 노년의 청춘이로다.

<서양 속담>

*

40세를 지낸 인간은 자기 얼굴에 책임을 져라

링컨 <미국 대통령>

*

40세를 지낸 남자는 누구든지 모두 악당이다.

쇼 <영국 작가>

*

「젊게 보입니다」라고 친구에게서 아첨을 받았을 때는 언제나 차츰 늙어가고 있다고 여기는 것이 좋다.

어빙 <미국 수필가>

*

노년의 비극은 그들이 늙고 있다는데 있는 게 아니라 아직 젊었다고 여기고 있는 데에 있다.

와일드 <영구 시인>

*

노인은 아무 할 말이 없게 되면 곧 「요즘 젊은이들은………」하고 말한다.

체홉 <러시아 작가>

*

노인의 조언은 겨울 햇빛과 같아서 밝기는 하지만 따

사롭진 않다.

뷔부날그 <불란서 인생비평가>

*

   노인. -- 대합실. 누구나 기차가 연착해서 오기를 바라고 있다.

앙드레·푸레뷔 <불란서 평론가>

*

집안에 하나도 노인이 없다면, 한 사람 빌려 와라.

<그리스 속담>

*

나이 안 먹는 고약이 있다면, 온 몸에다 쳐 바를 텐데

<독일 속담>

*

백발은 묘지의 꽃.

<독일 속담>

*

마음에는 주름살이 없다.

세뷔녜 <불란서 여류문학>

*

청춘은 실책, 성년은 고생, 노년은 회오이다.

디즈렐리 <영국 정치가>

*

봄은 처녀, 여름은 어머니, 가을은 미망인, 겨울은 계모.

<폴란드 속담>

20전에 아름답지 않고 30전에 강하지 않고 40전에 재주도 없고 50전에 부자도 아닌 사람은 모든 것을 잃은 사람이다.

<영국 속담>

*

서른 살까지는 계집이 따사롭게 해준다. 서른 살 뒤에는 한 잔 술이 그리고 그 뒤는 난로가 따사롭게 해준다.

<스페인 속담>

*

성공은 그 결과로 판단하는 것이 아니라 거기에 소비한 노력의 통계로 판단하는 것이다.

에디슨 <미국 발명가>

*

25세까지 배워라. 40세까지 연구하라. 60세까지 완전히 하라.

윌리엄·오스러 <미국 의사>

*

인생의 처음 40년은 본문이며, 나중 30년은 주석이다.

쇼팬하엘 <독일 철학자>

*

만약에 내가 신이었다면 나는 청춘을 인생의 종말에 두었으리라.

아나롤·불란서 <불란서 작가>

청춘이란 사전에는 실패라는 말은 없다.
팔워·릿톤 <영국 작가·정치가>

*

청년에게 권하고 싶은 것은, 단 세 마디이다.   곧 일하라.   더욱 일하라.   어디까지나 일하라.
비스말르 <독일 정치가>

*

성공에는 원인이 있고 재앙에는 징조가 있다.
소순 <중국 문인>

*

청년은 절대로 안전한 주식증권을 사서는 안된다.
꼭토 <불란서 시인·화가>

*

청춘과 잃은 시간은, 영원히 되돌아오지 않는다.
<독일 속담>

*

젊을 때는 우리들을 사랑하기 위하여 살고, 나이를 먹어감에 따라 살아가기 위해서 사랑한다.
싼·데불몬 <불란서 군인·시인>

*

청년시대에는 나날은 짧고 년은 길으나 노년시대에는 나날은 길고 년은 짧다.
싼·데불몬 <불란서 군인·시인>

*

사랑이 없는 청년 지혜가 없는 노년 - 이는 이미 실

패한 일생이다.

<스웨덴 속담>

*

나이 들어 따뜻하게 지내고 싶으면 젊은 시절에 난로를 만들어 놓아야 한다.

<독일 속담>

*

바라던 것이 모두 내 손에 들어오고 있을 때에 경계하라. 살이 쪄 가는 돼지는 절대 행운이라고 할 수 없다.

챤드라·하리스 <미국 저술가>

*

실패는 자본의 결핍에서 보다는, 에너지의 결핍에서 자주 일어난다.

다니엘·웨브스터 <영국 비극작가>

*

우리는 자신의 실패는 과실이라고 하지만, 사람들은 나의 과실을 실패라고 한다.

H.B·엣트리 <영국 전기작가>

*

실패에 도사란 없다. 누구나 실패 앞에서는 평범한 사람이다.

푸시킨 <러시아 시인>

*

실패의 수개년은 성공의 일순간으로 보상해 준다.

브라우닝 <영국 시인>

*

갑자기 큰불을 일으키려는 자는 도리어 가냘픈 볏짚 나부랭이로 부터 시작한다.

셰익스피어 <영국 극작가>

*

성공이란 대담 무쌍 겁 없이 덤비는 자석이다.

디즈렐리 <영국 정치가>

*

성공은 박정한 미인을 닮았다. 그녀를 손에 넣기까지 몇 해 세월이 지나가서 겨우 그녀가 몸을 맞길 단계가 됐을 때는 이미 둘 다 나이 들고 늙어 버려서 이제는 서로 아무 쓸모가 없다.

베르네 <독일 정치·문예평론가>

*

사람은 습관을 좋아한다. 그것을 만든 것이 제 자신인 까닭이다.

쇼 <영국 극작가>

*

습관은 나무껍질에 글씨를 새기는 것과 같은 것이다. 나무가 자라면서 글씨가 확대한다.

스마일즈 <영국 도덕가>

3 행복·지혜

나의 행복은 이웃의 행복을 증진 시키는데 있다.
앙드레·디그 <불란서 작가>

*

행복한 인간이란, 자기 인생의 끝을 처음에 잇댈 수 있는 사람을 이르는 것이다.
괴테 <독일 시인>

*

행복, 그것은 그대의 앞길을 막고 있는 사자이다. 보통 사람들은 그것을 보고 되돌아간다.
힐티 <스위스 사상가>

*

행복에게는 날개가 있다. 묶어 두기가 어렵다.
실러 <독일 시인>

*

행복을 추구하는 한 아무리 많은 시간이 흘러도 행복해질 수 없다. 설사 가장 사랑하는 것을 손에 넣었다고 해도.
헤세 <독일 작가>

*

밖에서 들이 닥치는 행복은 마른 벼 껍데기처럼 가볍다.
유루스·행머 <독일 교훈시인>

*

행복이란 진열장 속의 물건처럼 좋아하는 것을 골라

서 돈을 치르고 갖고 돌아올 수 있는 것이 못된다.
아란 <불란서 철학자>

*

 나를 아껴주는 사람, 사랑하는 사람, 존경하는 사람이 있는 사람은-. 동시에 내가 아끼는 사람, 사랑하는 사람, 존경하는 사람이 있는 사람은 행복한 사람이다. 이 이외의 행복의 조건은 없다.
안나산 <한국 출판인>

*

 사랑은 행복을 죽이고 행복은 사랑을 죽인다.
우나모노 <스페인 철학자>

*

 잠자리에 들 때, 이튿날 아침에 일어나는 것을 낙으로 삼는 인간은 행복하다.
힐티 <스위스 사상가>

*

 비록 가난하더라도 만족을 아는 사람은 진정한 부자다. 하지만 부자이더라도 가난해질지도 모른다는 걱정에 사로잡혀 있는 사람은 마른나무와 같다.
셰익스피어 <영국 극작가>

*

 행복을 품위 있게 몸에 지니는 것은 그리 쉬운 일이 아니다.
<영국 속담>

행복은 바람기 많은 계집이라서,
같은 장소에 오래 눌러 있으려 하지 않는다.
그녀는 당신 이마에
재빨리 키스를 하고 날아가 버린다.
불행한 아줌마는 이와는 다르다.
당신을 품안에 꼭 끌어안고는
나는 절대로 서둘지 않아요 하면서
당신의 베개머리에 앉아서 뜨개질을 한다.

하이네 <독일 시인>

*

타인에게서 행복하다고 여겨지는 것은, 자신이 행복하지 못함을 알고 있는 비참한 심정을 더 한층 부추긴다.

루날 <불란서 작가>

*

망각 없이 행복은 있을 수 없다.

모루아 <불란서 작가>

*

커다란 불행을 모면하는 것은 실로 작은 조심성 덕택이다.

몰러 <불란서 작가>

*

행복은 그 사람이 받는 고통의 최소량에 의해서 계측되어지지 않아서는 아니된다.

루소 <불란서 작가>

인간에게는 행복 말고도 그와 맞먹는 분량의 불행이 항상 필요한 것이다.
도스토예프스키 <러시아 작가>

*

사람은 자유를 얻은 뒤 어느 정도 세월이 경과하지 않으면, 자유를 누리는 방법을 알지 못한다.
마꼬레 <영국 역사가>

*

마음에 없는 말을 하는 것보다는 오히려 침묵을 지키는 쪽이 더 유리하다.
몽테뉴 <불란서 사상가>

*

선행을 하는 데에는 노력이 필요하다. 그러나 악을 억제하는 데는 보다 더 큰 노력이 필요하다.
톨스토이 <러시아 작가>

*

악은 산꼭대기에서 돌을 굴리게 하는 것처럼 처음에는 어린애도 해낼 수 있으나 그것을 멈추게 하는 데는 거인도 해내기 힘들다.
트렌처 <영국 시인>

*

인간은 그가 사랑하는 것에 의해 손쉽게 속아 넘어간다.
모리엘 <불란서 극작가>

추억이라는 것은 기억에서 망각에로 옮기는 도중에 남아 있었던 것이다.
앙리·드·레니에 <불란서 시인>

*

언어는 땅의 딸이다. 그러나 행위는 하늘의 아들이다.
헨리·죤스 <영국 극작가>

*

좋은 운은 위대한 교사이다. 불운은 그 이상으로 위대한 교사이다.
하즈릿트 <영국 평론가>

*

노예에게는 한 사람의 상전 밖에 없다. 야심가에게는 자기 출세에 쓸모 있는 사람 수만큼의 상전이 있다.
라·부뤼엘 <불란서 비평가>

*

기회는 도둑을 만들뿐만 아니라, 그것은 위대한 인간도 만든다.
리히턴 벨그 <독일 소설가>

*

아무 것도 생산할 줄 모르는 사람들에게는 아무 것도 존재하지 않는다.
괴테 <독일 시인>

*

등급이 승진하는 것은 자유에의 일보가 아니라 속박

에의 일보이다. 직권이 커지면 커질수록 봉사는 더욱 더 엄해진다.

헷세 <독일 작가>

*

정치는 추하고, 장사는 한심하다. 그래서 인생은 험난하다. 그러니 그 직업에 의해서 그 인간을 판단하는 것은 공정한 처사가 아니다.

임어당 <중국 학자>

*

자기 솜씨를 숨길 줄 아는 마음 가짐이야말로 대단한 솜씨이다.

라·로슈프꼬 <불란서 비평가>

*

성공하는 데는 두 가지 길밖에 없다. 하나는 자기 자신의 근면, 하나는 타인의 어리석음.

라·부뤄엘 <불란서 비평가>

*

의심의 여지가 없는 순수한 희열의 하나는, 근로한 뒤의 휴식이다.

칸트 <독일 철학자>

*

필경 노력하지 않는 천재보다는 노력하는 둔재가 더 많은 일을 해 낼 것이다.

존·아쉐부리 <영국 저술가>

슬픔에 대한 유일한 치료는 무언가를 하는 것이다.
G. H・루이스 <영국 철학자>

*

어떤 사람은 아무 것도 안하는 천재이고 어떤 사람은 부지런히 일하는 천재이다.
하리버튼 <영국 문학가>

*

게으름은 쇠 녹과 같다. 노동보다 더 소모가 빨라진다. 한편 자주 쓰는 열쇠는 언제나 빛나고 있다.
프랭클린 <미국 정치가>

*

노동력에 게으름을 피우는 자는 대 낭비가와 형제 뻘이다.
솔로몬왕 <이스라엘 다윗왕의 아들>

*

아침이 일의 마무리를 가져다주지 않는 바에야 내일 아침에 하겠다고 미루어서는 안된다.
세인트 끄리소스돔 <로마 성직자・저술가>

*

일을 행하고자 함에 언제부터 시작할까 등을 생각할 때는 이미 뒤지고 있는 것이다.
퀸틸누스 <로마 수사학자>

*

대부분의 사람들의 재능은 끝에 가서는 하나의 결점이 되는 것이다. 노인이 됨에 따라서 이 결점은 더욱 더 현저해진다.

싼토 · 푸부 <불란서 문예비평가>

*

재주 있는 기질은 많은 쓸모 없는 사상을 갖는 것에 있고, 뛰어난 식견과 양식은 필요한 지식을 몸에 잘 간직한 것이다.

쥬벨 <불란서 모라리스트>

*

천재란 자기의 세계를 비추기 위하여 반짝이도록 미리 정해져 있는 유성(별똥별)이다.

나폴레옹 1세 <불란서 황제>

*

천재란 1퍼센트의 영감과 99퍼센트의 땀으로 이루어진다.

에디슨 <미국 발명가>

*

참된 용기는 제삼자의 목격자가 없을 때 나타난다.

라 · 로슈프꼬 <불란서 정치가>

*

젖은 자는 비를 두려워하지 않고 벗은 자는 도둑질을 두려워하지 않는다.

<러시아 속담>

*

나는 늘 생각한다. 이 세계야말로 나의 천재성보다 더욱 천재적인 것이라고.

괴테 <독일 시인>

*

맨 처음 미인을 꽃에 비유한 사람은 천재이지만, 두 번째로 같은 것을 말한 인간은 천치 바보이다.

뷜텔 <불란서 사상가>

*

웃는 얼굴이 없는 남자는, 상점을 개설해선 안된다.

<중국 속담>

*

급하게 가고자 할 때는 낡은 길로 가라.

<태국 속담>

*

천천히 가는 것을 두려워 말고 가다가 멈추게 될까를 두려워하라.

<중국 속담>

*

맛을 보기 전에는 소금을 치지 말라.

<콩고 속담>

*

실이 말하기를, 그런 것은 내 알 바가 아니다. 나는 다만 바늘 가는데 따라 갔을 뿐이다.

<수단 속담>

*

타려던 배는 주저 말고 타 버려라.

뚜르게네프 <러시아 작가>

그가 했던 바보짓, 그가 하지 않았던 바보 짓이 인간의 후회를 절반씩 도맡아 준다.

봐레리 <불란서 시인>

*

근면 앞에서는 굳센 암벽이란 없고, 용기 앞에서는 다가서기 어려운 깊은 연못이란 없다.

노봐리스 <독일 시인>

*

국왕의 명예로움은 고상한 격식에 있고 우리들의 명예로움은 근면한 두 손에 달렸다.

씨러 <독일 시인·극작가>

*

게으름은 악마가 베는 베개이다.

잔·파울 <독일 작가>

*

게으른 자에게 부족한 것은 언제나 일하는 시간이다. 일을 쉬는 이유에는 부족함이 없다.

룻카드 <독일 시인>

*

물고기는 먹고 싶은데 발에 물 묻히기 싫은 고양이와 꼭 닮은 자는 「해내고 말 테다」하면서도 「역시 못하겠어」하고 중도에 좌절하고 마는 사람이다.

셰익스피어 <영국 극작가>

*

게으름뱅이는 장침이 없는 시계다.   비록 움직인다

해도 멈추었을 때와 마찬가지로 쓸모가 없다.

윌리엄·구퍼 <영국 시인>

*

악이 우리에게 선을 인식하도록 만들 듯이 고통은 우리에게 기쁨을 느끼게 한다.

하인러히클라이스트 <독일 극작가>

*

세계는 만물상점과 같아서 물건을 산처럼 갖고있다. 그것들은 노동과 맞바꾸어 팔리고 근면에 의해서 사가게 된다.

로거 <독일 시인>

*

우리들은 태어날 때부터 미덕으로 바꾸지 못할 결점도 없었고 바꾸지 못할 미덕을 갖고 있지도 않다.

괴테 <독일 시인>

*

요람 속에서 기억했던 것은 묘지까지 계속된다.

<불란서 속담>

*

강물은 강바닥을 잊지 않는다.

<호주 속담>

*

질투는 인류와 더불어 아주 오래된 것이다. 어느 날 아담이 늦게 돌아왔을 때 이브는 그의 갈비뼈를 세기 시작했다.

<서양 속담>

*

거짓말을 해버렸으면, 두 번 거짓말하라. 세 번 거짓말하라. 단, 언제든지 같은 거짓말을 해야 된다.

<동양 속담>

*

한번 거짓말을 한다. 좋은 기억력이 필요해진다.

꼬르네이유 <불란서 극시인>

*

하나의 거짓을 끝내 밀고 나아가려면, 다른 스무 개의 거짓을 꾸며내지 않으면 안된다.

스위프트 <영국 작가>

*

인간은 웃는 힘을 부여받은 유일한 동물이다.

크레빌 <영국 시인>

*

눈물은 슬픔의 말 못하는 언어이다.

뷀텔 <불란서 시인·역사가>

*

화나서 웃을 수 있는 사람을 조심하라.

<중국 속담>

*

형무소에서 태어난 자는 형무소를 사랑한다.

<그리스 속담>

선한 사람은 이 세상에 많은 해를 끼쳤다. 그들이 끼친 최대의 해는 사람들을 선한 자와 악한 자로 나누고 말았다.

와일드 <영국 시인>

*

착한 이 즉, 선인이란 단 둘 밖에 없다. 한사람은 죽은 사람이고 또 한사람은 아직 태어나지 않은 사람이다.

<중국 속담>

*

선한 사람은 눈과 같아서 먼 곳에 있어도 빛난다. 악한 사람은 가까이 있어도 보이지 않음이 칠흙 같은 밤에 쏜 화살과 같다.

<법구경>

*

선행은 모래에 쓰여지고 악행은 바위에 새겨진다.

<폴란드 속담>

*

어리석은 자는 자기 비용으로 배우고 현명한 자는 어리석은 자의 비용으로 배운다.

<브라질 속담>

*

어떤 사람이건 소맷자락 안에 바보를 지니고 있다.

<영국 속담>

우리들은 누구든지 모자 밑에 바보를 넣어두고 있는데, 어떤 사람은 다른 사람들보다 그것을 잘 감출 수가 있다.

<스웨덴 속담>

*

만약에 바보들이 장터에 안갔었더라면, 나쁜 상품은 안 팔렸을 것이다.

<스페인 속담>

*

어리석음이 고통을 일으킨다면, 모든 집에서 고통스러운 부르짖음이 들리리라.

<스페인 속담>

*

어리석은 자가 빌려주는 세 가지 물건은 책, 우산, 돈이다.

제롤드 <영국 문인>

*

나태는 바보천치의 휴가이다.

체스타·필드 <영국 정치가>

*

어리석은 무리는 모르리라, 연애와 철학, 술과 책이 함께 사이좋게 지낼 수 있음을 말이다.

푸시킨 <러시아 작가>

*

낚시 대는 한 쪽엔 낚시바늘을 다른 쪽 끝엔 바보를

붙인 막대기이다.

샤무엘·존슨 <영국 문학자>

*

자존심이란 바람으로 부풀린 풍선이다. 조금만 찔리면 터져서 바람이 돼버린다.

뷜테르 <불란서 시인·역사가>

*

은혜에 감사하는 마음은 우유와 닮아서 그것을 넣는 그릇이 아주 깨끗하지 않으면 실패하기 쉽다.

구르몬 <불란서 시인>

*

과실을 솔직히 고백함은 그것이 무죄가 되는 하나의 단계이다.

실스 <로마 노예시인>

*

세상 사람은 모두 자기의 기억력을 한탄하지만 자기의 비판력은 한탄하지 않는다.

라·로세프꼬 <불란서 인생비평가>

*

물레방아라도 흘러가 버린 물로 가루를 찧을 수는 없다.

<영국 속담>

*

사랑스러움이 없는 아름다움은, 미끼 없는 낚시바늘이다.

에머슨 <미국 시인>

*

필요는 노파에게 뜀뛰기를 가르친다.

<독일 속담>

*

운명은 우리의 행위의 절반을 지배하고, 다른 절반은 우리 자신에게 맡긴다.

마카아벨리 <이태리 정치가>

*

바보를 보고 싶지 않다면 가장 먼저 자기의 거울을 깨뜨려버려야 할 필요가 있다.

라블레 <불란서 작가>

*

모든 덕(德)은 정의 가운데 포함되어 있다.

테오그니스 <고대 철인>

*

작은 일로 다투지 말라
 작은 일로 꼭 싸워야 할 때는 세탁소에서 옷의 벨트를 잃어 버렸을 때뿐이다.

바버워러즈 <미국 앵커우먼>

*

행복해지기 위해서는 아무것도 필요로 하지 않는다고 자신을 설득했던 그날부터 행복이 내 속에서 살아 숨쉬기 시작했다.

앙드레·지드 <불란서 작가>

제2장 남자(男子)에 대한

1. 남자
2. 우정

제2장 남자(男子)에 대한

1 남 자

남자는 마흔 살이 되면 자신의 습관과 결혼해 버린다.
레메디스 <영국 작가>

*

마루바닥에서 자기애들의 전기기관차를 매만지면서 30분을 허비할 수 있는 남자는 어떤 남자 건, 실지로는 나쁜 인간이 아니다.
스트란스키 <미국 수필가>

*

자기의 생명을 「여인의 사랑」이란 카드에 건 사나이가 그 카드가 자신을 배반했을 때, 모든 것을 포기해 버리고 인생의 낙오자가 된다면 그런 인간은 사내가 아니라, 단지 수컷일 뿐이다.
뚜루게네프 <러시아 작가>

*

여자를 믿는 남자는 도둑을 믿는 멍청이와 같다.
헤시오도스 <그리스 시인>

*

남자는 자기의 사상을 털어놓기 위해서 남자의 가슴

을 구하고 자기의 감정을 털어놓기 위해서는 여인의 가 슴을 구한다.

마르몽 <불란서 군인>

*

남성 병의 하나. - 자기멸시라는 남자 병환에는 어진 여인에게 사랑을 받는 것이 가장 확실한 처방이다.

니체 <독일 사상가>

*

남자가 참으로 좋아하는 것은 두 가지 - 모험과 놀이 이다. 그리고 또 남자는 여자를 사랑하는데 그것은 장 난감 중 가장 위험한 것이기 때문이다.

니체 <독일 사상가>

*

남자는 한 여자를 사랑하지 않는 한, 어떤 여자와 함 께 있어도 행복하다.

오스카·와일드 <영국 시인>

*

남자는 여자가 모든 것을 받쳐 주기를 바란다. 그러 나 여자가 그대로 모든 것을 바치고 평생 동안 헌신적 인 모습을 보이면 남자는 그 무거운 짐 때문에 괴로워 한다.

보부아르 <불란서 작가>

*

남자는 동거생활 칠 년째 되는 해에 집사람에게서「 여성」을 느낀 뒤 비로소 자신의「남성」을 느낀다.

디자이·오사무 <일본 작가>

*

남자에게 여자의 손에 키스를 허락한다면 다음에는 팔, 그 다음은 어깨를 원하시겠지요…….

체홉 <러시아 작가>

*

사내란 언제나 그렇지만 제 집에서 멀리 떠나있을 때가 가장 명랑하고 상쾌해 지는 것이다.

셰익스피어 <영국 극작가>

*

똑똑한 남자들이 말하기를 사랑에 조심하려면 「처녀나 여인을 유심히 쳐다보지 말아야 한다」고 하나 좀더 똑똑한 남자들은 말하기를 사랑에 조심하려면 「처녀나 여인을 더 유심히 쳐다 보라」고 한다.

프리드리히·훠크 <독일 시인>

*

남자는 건설할 것이나 파괴할 것이 없어지면 심각한 불행을 느끼는 존재다.

알랭 <불란서 문학가>

*

숫사자에게는 갈기가 있고, 공작에게는 화사한 깃털이 있으나. 인간의 남자에게는 단추 셋 딸린 양복 윗도리밖에 없다.

써버 <미국 만화가>

어떤 사내아이든 자기 초상화를 위하여 포즈 취하는 것을 싫어하지 않는다.

써·엠·비아봄 <영국 수필가>

*

아아, 이 세상에는 재미없는 일이 너무 많도다. 하느님 당신께선 여자까지도 만드셨구려.

<러시아 속담>

*

귀찮은 이 내 신세. 우리는 여자와 함께 살수도 없고 여자 없이 살수도 없다.

바이런 <영국 시인>

*

어떤 남자 건, 한 여성을 자기 것으로 삼으려 할 때는 그녀가 내 사랑에 가장 알맞은 여성이며 내가 이렇게 열을 올리는 것도 당연하다고 생각한다. 그러다가 그것이 잘못임을 깨닫는 것은 나중에 가서 다른 여인을 사랑하게 되었을 때다.

알티버세프 <러시아 작가>

*

남자는 여자에게 거짓말을 하는 법을 가리키고 또 여자에게 거짓말만 들려준다.

프로벨 <불란서 작가>

*

남자는 여자만큼 더 선량하지도 않고 또한 더 악하지도 않다.

고체브 <독일 작가>

*

아내와 자식을 둔 남자는 운명을 저당 잡힌거나 다를 바 없다.

베이컨 <영국 철학자>

*

사내란 다만 달리 사랑하는 계집이 있을 때만 빼놓고 언제나 여인의 벗일 수는 결코 없다.

마담 류 <불란서 앙리3세의 총비>

*

남자의 마음을 끄는 단 하나의 확실하고 결정적인 요인은 인정 많은 마음씨다. 남자는 늘 여기에 약하다.

메난드로스「단편」 <그리스 시인>

*

어진 이 즉 현인이란 줄곧 아내를 얻고자 하면서도 결코 누구와도 결혼 않는 청년을 일컫는다.

삐에또로·알레디노 <이태리 풍자가>

*

「홈·스윗트·홈」이것은 바로 남자 독신자가 만든 문구임에 틀림없다.

버트러 <영국 작가>

*

만약에 모든 여성이 같은 얼굴, 같은 성질, 같은 마음씨를 하고 있었더라면 남성은 결코 외도를 안 저질렀을

뿐만 아니라 연애를 하는 일도 없었을 것이다. 그리고 본능적으로 다만 한 여자와 함께 죽을 때까지 그대로 지냈을 것이다.

카사노바 <이태리 저술가>

*

남자들이란 한 번 여자를 사랑했다 하면 그녀를 위해 무엇이라도 해주지만 딱 한가지 해주지 않는 것, 그것은 언제까지나 계속 사랑해 주지 않는 것이다.

오스카·와일드 <영국 작가>

2 우 정

누구의 친구도 다 되고자 하는 사람은, 누구의 친구도 될 수 없다.

푸헬펠 <독일 작가>

*

세상에는 세 종류의 친구가 있다. 그대를 사랑하는 벗, 그대를 잃어버리는 벗, 그대를 미워하는 벗이 바로 그것이다.

샨펄 <불란서 경구가>

*

「함께 소금 한 말을 핥아 봄으로써만이 비로소 그 친구의 모든 것을 알 수 있다」고 한 옛 속담은 참말이다.

세르반테스 <스페인 작가>

*

가난할 때 사귄 친구는 잊어서는 안 되고, 조강지처는 버려서는 안 된다.

범엽 <중국 학자>

*

친구의 성공에 질투를 전혀 느끼지 않고 기뻐 해줄 수 있는 강한 성격을 가진 사람은 없다.

아이스킬로스 <그리스 작가>

*

변치 않는 벗을 구하려는 자여! 그대는 묘지로 가라.

<러시아 속담>

*

자기 아내, 자기 판돈, 자기 지갑을 제외하고 라면 친구에게 무엇이든지 털어놔도 좋다.

앙드레·브레버 <불란서 평론가>

*

친구들은 의복과 같은 것이다. 닳아 떨어지기 전에 버려야 한다. 그렇지 않는다면 그 쪽에서 이 쪽을 버린다.

르나르 <불란서 작가>

*

돈을 꾸러온 친구에게 거절해서는 친구를 잃지 않는다. 하지만 돈을 꾸어주면 그 친구를 잃기 쉽다.

쇼펜하웰 <독일 철학자>

동물만큼 기분 좋은 친구는 없다. 그들은 질문도 하지 않고 비판도 하지 않는다.

엘리엇 <영국 작가>

*

돼지나 소 같으면 각자가 어느 만큼 갖고 있다고 말할 수는 있어도 친구를 어느 만큼 갖고 있다고는 말하기 힘들다.

키케로 <로마 정치가>

*

아무 것도 빌릴 수 없는 친구는 잘 들지 않는 장도칼과 같다.

<러시아 속담>

*

우정은 성장이 더딘 식물이다. 그것이 우정이라는 이름을 얻으려면 몇 번의 고통을 이겨내야 한다.

워싱턴 <미국 초대대통령>

*

친구를 의심하려드는 것은 나중에 가서 그들에게 속임을 당하는 것 보다 더 부끄러운 일이다.

라·로슈프꼬 <불란서 정치가>

*

아껴주는 마음씨는 친구를 만들고 진실을 발설하면 원수를 만든다.

<불란서 속담>

지금까지 적을 만들어본 적이 없는 사람은 결코 친구를 가질 수 없다.

테니슨 <영국 시인>

*

부모님의 은혜를 모른다면 너의 친구가 되어줄 사람은 아무도 없다.

소크라테스 <그리스 철학자>

*

천 명의 친구들, 그것은 적다. 단 한 명의 원수, 그것은 많다.

<터키 속담>

*

마귀도 짝이 필요하다.

<타밀족 속담>

*

얼굴이 웃고 있을 때에도 그 눈매는 웃지 않는다. 이는 사악한 성질의 표시거나, 혹은 항상 깊은 슬픔에 잠겨 있다는 증표이다. 이러한 인간을 친구로 삼는 것은 극히 위험하다.

레르몬토프 <러시아 시인>

*

무슨 슬픈 일이 생겼을 때 따뜻한 침상에 몸을 모로 눕는 것은 좋은 일이다. 하지만, 그보다 더욱 좋은 침상, 고귀한 향내임 짙게 품은 침상이 있다. 그것은 부드럽고도 깊은 헤아릴 수조차 없는 우리들의 우정인 것이다.
프루스트 <불란서 작가>

*

우정은 날개 없는 연애이다.
바이런 <영국 시인>

*

우정은 순간에 피우는 꽃이며, 그리고 시간을 열리게 하는 열매이다.
코체브 <독일 극작가>

*

가난히 문지방으로 집안에 몰래 스며들어 오면, 즉시 거짓우정은 봉창으로 뛰쳐나간다.
빌레름·뮤러 <독일 시인>

*

참된 우정은 뒤에서 보아도, 앞에서 보아도 똑같은 것이다. 앞에서 보면「장미」뒤에서 보면「가시」여서는 안된다.
롯카드 <독일 시인>

*

우정은 한 잎 한 잎의 꽃송이에 향긋한 냄새를 지닌 살아 있는 장미이다.
홈즈 1세 <미국 의사>

*

우정은 기쁨을 갑절로 하는 대신 슬픔을 절반으로 한다.

우정   77

실러 <독일 시인>

*

우정은 고요한 달처럼 태양이 나타나기 전 온 누리에 빛난다. 그러나 열애의 빛을 받게되면 곧 퇴색해 버린다.

오터·투·류나르 <독일 후작>

*

증오에서 우정까지의 거리는 반감에서 우정까지의 거리보다 멀지 않다.

라·프뤄엘 <불란서 인생비평가>

*

위험이 감지되는 항구에는 절대로 정박하지 않는 뱃사람처럼, 안전제일로 친구를 고르는 자를 친구로 삼는 것은 결코 바람직하지 못하다.

오데크니스 <영국 시인>

*

두 사람의 우정에는 한 사람의 인내가 필요하다.

<타르미족 속담>

*

술이 만들어 낸 우정은, 술처럼, 하루 밤밖에 들지 않는다.

로가우 <독일 시인>

*

우정이란 함께 잠잘 수 없는 두 인간의 결혼이다.

르날 <불란서 작가>

벗을 얻는 확실한 방법은 나 스스로가 남의 벗이 되는데 있다.

<미상>

*

벗을 책망할 때는 남 모르게 하고 칭찬할 때는 공공연하게 하라.

<미상>

*

우정을 믿지 않기보다는 믿고 상처 입는 편이 좋다.

모트 하켓 <미국 가수>

*

아 해방이여 아 자유여 나의 희망이 닿는 데까지 나는 가리라. 아 사랑하는 친구여. 나와 함께 가세 거기까지 자네를 데리고 가리라.

앙드레·지드 <불란서 작가>

제3장 여자(女子)에 대한

1. 여자
2. 여성의 논리
3. 화장·연령
4. 남녀의 비교

제3장 여자(女子)에 대한

1 여 자

여자는 이방의 토지이다. 남자들은 끝내 여자의 그 관습, 그 정체 그 언어를 이해하지 못하리라.
팻트모어 <영국 문인>

*

여자들은 인류 최초의 교사였다.
힛펠 <독일 작가>

*

계집과 말과 칼은 보이는 것은 좋으나 빌려줘서는 안된다.
<영국 속담>

*

여자는 정복하는 것뿐만 아니라 정복당하는 것도 즐긴다.
새커리 <영국 작가>

*

남자는 거짓말 왕국의 서민이지만, 여자는 그 나라의 귀족이다.
에르만 <불란서 작가>

섹스로서의 여성을 정의하라고 한다면 수수께끼를 안 가진 스핑크스라고 할 것이다.
오스카·와일드 <영국 시인>

*

여자는 옆에 걷는 그림자와 같다. 뒤를 쫓아가면 도망치고 피하려고 하면 뒤를 바짝 뒤따라온다.
달랑끄르 <불란서 작가>

*

개, 절름발이와 여자의 눈물 - 누가 그것을 믿으랴.
<스페인 속담>

*

여자에게 비밀을 털어놓기보다는 물이 새는 조각배를 타고 큰 바다로 나가는 편이 났다.
<러시아 속담>

*

적당히 그리고 적시에 사용하기만 한다면 여성이라는 화폐는 많은 괴로움을 고친다.
로거우 <독일 시인>

*

여자는 기타가 아니다. 탄주를 끝내고 벽에다 걸 수 없으니까.
<러시아 속담>

*

여자는 그냥 여자이지만, 좋은 궐련은 연기가 된다.
키프링 <영국 작가>

여자다운 여성이야말로 미합중국의 가장 자랑할 수 있는 명물의 하나이다.
에이·워드 <미국 유머 작가>

*

여자는 10세에 천사, 15세에 성녀, 40세에 악마, 80세엔 마귀할미.
<서양 속담>

*

여자는 확실히 소우주이다. 여자를 바르게 지배하려면 한 나라를 통치 할 만큼의 큰 재간을 필요로 한다.
토마스·푸드 <영국 시인>

*

여자들에게 지옥이란 늙는 것이다.
라 로슈푸코 <불란서 정치가>

*

여자의 사랑은 시각적이고 촉각적으로 불타오르지만, 그렇게 오래가지 않는다.
단테 <이태리 시인>

*

여자란 무엇인가? 그것은 단지 자연의 아름다운 실패작의 하나에 불과하다.
한나·까우리 <영국 극작가>

*

원숭이는 언제나 원숭이인 것과 같이 여자는 어떤 배역을 맡아도 언제나 여자에 머문다. 말할 나위 없이 그것을 심사숙고한다는 것은 어리석으면서도 광적인 것이다.

에라스무스 <네덜란드 종교가>

*

오 여인! 맨 먼저 우리들을 믿고, 맨 먼저 우리들을 속이고, 그리고는 맨 먼저 애석해 하게끔 태어나신 몸.

밀러 <미국 시인>

*

가장 행복한 여자는 가장 행복한 백성과 마찬가지로 일체의 역사를 갖지 않는다.

죠지·엘리옷 <영국 작가>

*

마음이 충만치 못한 여자는 사치품을 갖고 싶어한다. 남자를 사랑하고 있는 여자는 기꺼이 널빤지 위에라도 눕고 싶어한다.

로렌스 <영국 작가>

*

여자들이 선량할 때는 남자와 천사 사이에 자리하고 악질일 때는 남자와 악마 사이에 자리한다.

코체프 <독일 극작가>

*

여자들은 아무리 정숙해도 거의가 저「아몬의 샘」을 닮았다. 낮에는 차가우나 밤이면 뜨겁게 끓는다.

아드리안·듀뷔 <불란서 교육학자>

정숙한 여자는 숨겨진 보물이다. 침착하게 있을 수 있는 것은 세상사람이 그녀를 찾지 않기 때문이다.
라·로슈프고 <불란서 인생비평가>

*

남자가 모든 합리적인 이치를 늘어놓는다 해도 여자의 눈물 한 방울을 이길 수 없다.
볼테르 <불란서 작가>

*

여자의 눈물은 그녀의 미소보다 더 사랑스럽다.
캔벨 <영국 시인>

*

여자는 눈의 천국, 지갑의 연옥, 영혼의 지옥이다.
<스페인 속담>

*

조심성 없는 여자는 소금을 넣지 않는 수프와 같다.
<스와헤리족 속담>

*

목숨과 맞바꾸어 재물을 탐함은 강도이지만, 여자는 두 가지 모두를 탐한다.
사미엘·바트러 <영국 작가>

*

육류는 모두 먹기 위해 있다. 처녀는 모두 시집가기 위해 있다.
<영국 속담>

화난 여자는 흐린 샘. 흙탕물과 같이 더러워서 모처럼의 아름다움도 소용 없어져 버린다. 아무리 목마른 사내도 입 댈 마음이 내키지 않는다.

셰익스피어 <영국 극작가>

*

여자는 교회에선 성녀, 거리에선 천사, 집안에선 마귀.

<불란서 속담>

*

여자는 「구두」이다. 오랫동안 신고 있으면 슬리퍼가 된다.

<독일 속담>

*

여자의 뇌수골은 원숭이 크림과 여우 치즈로 되어있다.

<불란서 속담>

*

여자들의 살결은 왜 부드러운가요. 왜 허약하고 매끄러워 세상의 거친 일에는 걸맞지 않는 걸까요. 아마도 우리들의 마음씨가 부드러워서 그런 겉모양에 알맞기 때문이 아닐까요.

셰익스피어 <영국 극작가>

*

불행할 때의 여자는 남자보다 현명하다.

<영국 속담>

모든 사건에는 여자가 도사리고 있다. 나는 사건보고를 받으면 즉시 말한다. 「여자를 찾아라!」라고.

(큰)듀마 <불란서 작가>

*

여자와 싸우는 방법은 빨리 모자를 쓰고서 뛰쳐나가는 것이다.

죤·파리뭐 <미국 배우>

*

창세기 이래 남자는 항상 울게끔 되어 있다……. 동화 속에서나 노래 속에서 여자와 마귀를 같이 다루고 있는데 이것은 결코 무리한 일이 아니다.

체홉 <러시아 작가>

*

우리들이 사랑할 때는 사랑하지 않고 우리들이 사랑하고 있지 않을 때는 사랑하는……. 그것이 여자의 본성이다.

세르반테스 <스페인 작가>

*

학문하는 수많은 인간이 모여서 온갖 기계와 약품을 생각해 냈으나, 아직 여성의 원인으로 일어나는 질병에 대한 특효약을 생각해 내려고 한 학자는 없다.

체홉 <러시아 작가>

*

남자가 아무리 자기를 잊고 일에 몰두하더라도 마음 한쪽 구석엔 언제나 어떤 여자가 숨어있다. 남자를 부려먹는데 있어서 여자는 효과 있는 현상금이다.

아사돈 <미국 여류작가>

*

여자는 지극히 완성된 악마이다.

위고 <불란서 작가>

*

여자를 정복하는 것은 흉폭한 야수를 길들이는 것보다도 훨씬 어렵다.

아리스토파네스 <그리스 희극시인>

*

황소 다룰 때는 앞쪽을, 말을 다룰 때는 뒤쪽을, 여자를 다룰 때는 사방팔방을 조심하지 않으면 안된다.

<이태리 속담>

*

여자란 어디까지가 천사이며 어디서부터 악마인지 확실히 알 수 없는 것이다.

하이네 <독일 시인>

*

여자를 좋게 말하는 사람은 여자를 충분히 알지 못하는 자이며, 여자를 언제나 나쁘게 말하는 사람은 여자를 전혀 모르는 자이다.

루불란 <불란서 문학자>

*

여자라는 것은 아무리 연구를 계속해도 언제나 완전히 새로운 존재이다.

톨스토이 <러시아 작가>

*

여자, 이 살아있는 수수께끼를 풀기 위해서도 그녀를 사랑하지 않으면 안된다.

아미엘 <불란서 철학자>

*

여자라는 것은 사랑하거나 싫어하거나 어느 한 쪽이다. 제3의 방법이란 없다.

푸푸류스·시르스 <로마 극작가>

*

여자는 속여주기를 바란다. 그리고 당신들에게 강요한다. 만약에 그것을 거역한다면 당신들은 비난받게 된다.

푸로벨 <불란서 작가>

*

여성에게 대항하는 무기는 아껴주는 마음씨이고 마지막 가장 잔인한 수법은 잃어버리는 것이다.

곤차로프 <러시아 작가>

*

여인을 향해서 대담한 행동을 취하려다 되지 못한 사내녀석이라는 말을 듣는 것은 그 행동을 수행치 못하고 중도에서 그만 두었을 때이다.

썬·씨르 <불란서인>

*

저 여인이 떨어뜨린 부채를 주어라. 그 다음은 어찌

해야 좋을 지 몰라도 상관없다.

부르톤・에류알 <불란서 시인>

*

개에게는 뼈다귀를 처에게는 막대기를.

<헝가리 속담>

*

마누라에게 바지를 건네주기보다는 홀몸으로 살고 지고.

<독일 속담>

*

여자가 없었더라면, 남자는 신처럼 거룩하게 살았을 것이다.

코마스・데카 <영국 극작가>

*

여자는 자기 애정행각이 세상 구설수에 오르지 않기를 바란다. 그렇지만 자기가 사랑 받고 있다는 것은 모두에게 알려지기를 바란다.

모러 <불란서 작가>

*

악마가 힘이 붙이면 여자를 심부름꾼으로 보낸다.

<러시아 속담>

2 여성의 논리

산 사람의 말 보다 말 못하는 보석 쪽이 더 여자의 마음을 움직이게 한다.

<셰익스피어 <영국 극작가>

*

열 명의 여자를 의견일치 시키기 보다 백 개의 시계를 조립하는 편이 쉽다.

<폴란드 속담>

*

여자의 혓바닥은 그녀의 신체 중에서 가장 마지막으로 숨을 거두는 곳이다.

<서양 속담>

*

아무 것도 허락하지 않고, 모든 것을 기대하도록 꾸미는 것, 즉 사랑의 문지방 위에서 속삭이지만, 문은 닫아 두는 것. 그것이 요염한 여자의 술책이다.

베르 날 <불란서 작가>

*

여자가 말하는 「예스」와 「노우」사이에는 자물쇠 채운 방이란 없다.

세르반테스 <스페인 작가>

*

장어꼬리와 여자의 말꼬리를 잡으려고 하는 자는 아무리 꽉 잡아도 무엇하나도 잡을 수 없다.

로가우 <독일 시인>

「예스」하고 엊저녁에 대답한 여자가 「노우」하고 오늘 아침에 말한다. 그야 촛불 빛으로 본 색깔은 대낮에 똑같이 보일 리가 없을 테니까.

윌리엄・브라운 <영국 시인>

*

여자는 잘 변한다. 믿는 것이 어리석은 것이다. 여자는 바람 속의 깃털에 불과하다.

위고 <불란서 시인>

*

여자는 끊임없이 되돌아보며 걸어왔다. 지나온 길의 길이를 재어보느라, 약진력이 줄어버리고 만다.

보버와르 <불란서 작가>

*

거짓 계책을 꾸미는 것은 확실히 여자의 특성이다.

아이스 큐로스 <그리스 시인>

*

딴 여자에게는 시로써 다가가지만, 당신에게만은 산문으로 사랑을 호소한다. 즉 저 여자는 나의 들뜬 마음만을 얻을 뿐이지만 당신은 나의 마음을 얻게된다.

프라이여 <영국 시인>

*

혼자 있을 때 여자들이 어떻게 시간을 보내고 있는지, 만약에 그것을 남자들이 알았다면 남자들은 절대 결혼 같은 것은 안하려 들것이다.

오・헨리 <미국 작가>

현명한 남자는 여자와 유리는 엄격하게 가까이 다가서지 못하게 조심한다.

로페·드·베가 <스페인 극시작가>

*

여자에게 냉담하면 할수록 도리어 상대에게 쉽게 호감을 산다.

푸시킨 <러시아 시인>

*

대개 여성편이 나빴을 경우라도 앙칼진 소리를 지르면, 갑자기 여성의 주장이 정당해 보인다.

T·C·할리버튼 <캐나다 유머작가>

*

여자를 강하게 부려먹는 세 가지, 이해 득실과 쾌락과 허영심이다.

디드로 <불란서 철학자>

*

여자의 수치심은 제2의 속옷이다.

스탕달 <불란서 작가>

*

여성은 우정에게 연애에서 빌려 온 것만을 준다.

샹퍼 르 <불란서 인생비평가>

*

연인끼리의 우정은 항상 제3의 여인에 대한 음모에 자나지 않는다.

알폰스·칼 <불란서 작가>

아름다운 아가씨는 지갑을 지니고 다니지 않는다.
<스코틀랜드 속담>

*

젊은 여자의 입 속에서 싫다고 하는 것은 반드시 싫은 것은 아니다.
<스웨덴 속담>

*

재치 있는 여성은 대개 상품을 전부 진열장에 장식해 놓고 앞쪽을 비어 놓은 상인을 닮은 것이다.
오토 · 라엑스터 <독일 작가>

*

여자는 앞치마보다 더 빨리 변명을 손에 잡는다.
<아일랜드 속담>

*

진실로 여자란 - 아무리 숭고한 것을 생각하고 있을 때라도, 다 젖혀 두고 넥타이에 눈길을 돌리는 것이다.
룩셴 브르크 <독일 경제학자>

*

여자란 난로 곁에서 일어서는데도 일흔 일곱 번이나 생각한다.
톨스토이 <러시아 작가>

*

여자의 입에서 나오는 「아니오」는 부정어가 아니다.
시드니 <영국 시인 · 정치가>

보통의 논리 - 이 사람은 나를 사랑하고 있다. 하지만 나에게는 남편이 있다. 따라서 그를 사랑해서는 아니된다.

여성의 논리 - 나에게는 남편이 있기 때문에 그를 사랑해서는 아니된다. 그러나 그 사람은 나를 사랑하고 있다.

렐 몬토프 <러시아 작가>

*

여자는 울음을 믿고 의지하고, 도적은 거짓말을 믿고 의지한다.

<유고 속담>

*

웃는 처녀는 이제 절반쯤 손아귀에 넣은 거나 다를 바 없다.

<영국 속담>

*

티끌 보다 가벼운 것은 무엇인가. 바람이다. 바람보다 더 가벼운 것이 무엇인가. 여자이다.

뮤세 <불란서 시인>

*

키스를 당했을 때, 어떤 여자는 얼굴을 붉히고, 어떤 여자는 순경을 부르고, 어떤 여자는 땀을 흘리고, 어떤 여자는 물어뜯는다. 가장 나쁜 것은 웃기 시작하는 여자이다.

<미상>

여자의 마음은 비밀장치의 서랍이다. 그 암호는 매일 바뀐다.

앙드레·프레붜 <불란서 평론가>

*

처녀가 세 명의 청혼자에게 싫다고 해버리면 다음에는 재발로 찾아가서 청혼해야 될 것이다.

<스웨덴 속담>

*

새 신부의 슬픔은 3주간이었다. 자매의 슬픔은 3년이었다. 어머니의 슬픔은 지쳐서 묘소에 눕기까지 계속되었다.

샤 밋소 <독일 시인>

*

젊은 처녀는 크림이고, 나이든 아낙네는 밀크이다. 나이든 아낙은 다가서기 쉬우나, 젊은 처녀는 손대기 어렵다.

고리끼 <러시아 작가>

*

아 프레센트, 프레센트! 여자는 고운 천조각 때문이라면 어떤 짓도 저지른다.

렐몬토프 <러시아 시인>

*

여자는 침묵하고 있을 때도 거짓말을 한다.

<이스라엘 속담>

여자가 애인에게 보내는 사랑의 맹세는 벼랑 위나 급류 위에 씌어졌음이 틀림없다.

카투르스 <로마 시인>

*

사랑을 하고 있는 여인은 남자가 사랑하지 않고 있는 것이 아닌가 언제나 두려워하고, 사랑을 하고 있지 않는 여자는 남자에게서 사랑을 받고 있다고 자만한다.

디 와이에 <불란서 작가>

③ 화장·연령

거울 앞에서 기묘한 표정을 안하는 여인이란 없는 법이다.

셰익스피어 <영국 극작가>

*

여인의 냉철은 그 미모에 덧붙여진 화장이며 홍백 분이다.

라·로슈프꼬 <불란서 인생비평가>

*

아름다운 여인들은 옛날 옛적부터 어리석어도 괜찮다는 특권을 갖고있다.

이다·펀·한 <독일 작가>

여자의 아름다운 맵시는 절반 이상이 양재사의 덕을
입고 있다고 현명한 남자들은 알고있다.

로페·드·베가 <스페인 극작가>

*

미녀와 추녀는 지성을 인정받기를 바라고, 예쁘지도
밉지도 않은 여성은 미모를 인정받고 싶어한다.

체스타필드 <영국 정치가>

*

착한 여인이기보다는 미인인 쪽이 더 좋은 것이나,
추녀이기보다는 착한 여인이 더 났다.

오스카·와일드 <영국 시인>

*

촛불이 꺼졌을 때는 어떤 여자도 아름다운 것이다.

푸르다크 <그리스 철학자>

*

어두움 속에서 여자는 모두 같다.

<이태리 속담>

*

여자가 30세가 지나서 먼저 잊는 것은 나이이며, 40세
가 되면 나이는 아주 잊어 먹는다.

랑꾸로 <불란서 여류명사>

*

남자는 해마다 나이를 먹는데 여자는 삼 년에 한 살
씩 나이를 먹는다던가…….

도네 <불란서 극작가>

남성은 세월이 흐름에 따라서 감정이 나이를 먹지만, 여성은 세월이 흐름에 따라서 얼굴이 나이를 먹는다.
차톤·코린즈 <영국 시인>

*

여자들은 자신의 얼굴 이외의 것이라면 무엇이나 용서한다.
비아런 <영국 시인>

*

세상에 가장 광채 나고 가장 상하기 쉬운 것이 두 가지 있다. 하나는 도자기, 또 하나는 여자의 얼굴이다.
스위프트 <영국 풍자작가>

*

미녀는 이 세상의 것이고, 추녀는 그대만의 것.
<인도 속담>

*

여자는 자신의 미모 때문에 저질러진 범행이라면 악행이라도 용서한다.
르·싸주 <불란서 극작가>

*

여인의 머리장식은 액세서리 중 가장 중요한 것이다. 그것은 일종의 자기소개이다.
도스토에프스끼 <러시아 작가>

4 남녀의 비교

남자의 「그렇소」는 「그렇소」이다. 여자의 「그렇소」는 자주 「아니요」도 있다.

<반트족 속담>

*

남자는 사랑 받고 있음을 알면 몹시 즐거워지나 「당신만을 사랑해요」라는 말을 자주 듣게되면 지긋 지긋해진다. 여자는 매일 「당신을 사랑해」하는 말을 듣지 못하면 남자가 변심한 것이 아닌가 의심한다.

윌리암·스토리 <미국 조각가>

*

남자의 용기는 속박을 피하는 것에 있지만, 여자의 용기는 그것을 참고 견디는데 있다.

기조 <불란서 정치가>

*

여자는 성적(性的)일 뿐이고 남자는 성적(性的)이기도 하다.

바이닝거 <오스트리아 사상가>

*

여자는 자기를 웃기게 한 남자밖에 거의 생각해 내지 못하고, 남자는 자기를 울린 여자밖에 생각해 내지 못한다.

레니에 <불란서 시인>

웃는 여자는 믿지를 말고, 우는 남자는 믿지를 말라.
<우크라이나 속담>

*

여자는 남자보다 매우 영리하다. 왜냐하면, 남자보다 적게 알고 있더라도 훨씬 많이 잘 알고 있는 것 같이 보이기 때문이다.
제이·스티븐스 <영국 시인>

*

여자는 본디 구두닦이 같은 것이었고 지금까지 그랬었다. 긴 세월, 그 구두닦이는 칭찬 받고 있다. 그녀들은 진흙발로 신에게 침입해 들어가려는 남자들을 지켜왔던 것이다.
리·캐로라인·비뷔스 <영국 시인>

*

남자는 자기가 여자의 첫사랑이기를 바라고, 여자는 자기가 남자의 마지막 사랑이기를 바란다.
와일드 <영국 시인>

*

남자는 법률을 만들고 여자는 풍속을 만든다.
세귤 여사 <불란서 문학자>

*

남자를 닮으려는 여자와, 여자를 닮으려는 남자는 똑같이 불구자이다.
톨스토이 <러시아 작가>

설교하는 남자는 일반적으로 위선자이며, 설교하는 여자는 반드시 못생긴 자이다.

오스카·와일드 <영국 시인>

*

남자는 자주 사랑하지만 얕으며, 여자는 드물게 사랑하지만 깊다.

바스터 <체코 작가>

*

남자의 나이는 기분대로, 여자의 나이는 얼굴 그대로.

<영국 속담>

*

남자는 각각의 여자에 대해서 여자라는 것 자체를 사랑하지만, 여자는 개인으로서의 남자, 유일하고 특별한 사람으로서의 남자만을 사랑한다.

아미엘 <스위스 철학자>

*

남자는 여자의 눈 표정에 욕정을 일으키고, 여자는 남자의 눈 표정에 알몸을 맡긴다.

알폰스·칼 <불란서 작가>

*

남자의 혓바닥은 가뭄 끝에 단비 같고, 여자의 혓바닥은 장마 끝에 내리는 비 같다.

<가봉 속담>

*

당신을 못살게 군 여성을 살해함은 허락되지 않는다.

그렇지만 그녀가 1분마다 늙어간다는 사실을 당신이 음미함은 조금도 금지되어 있지 않다. 즉 당신은 하루에 1440번 복수하고 있는 셈이 된다.

비아스 <미국 언론인>

*

사랑은 남자의 생애에서는 하나의 삽화에 지나지 않지만, 여자의 생애에서는 역사 그 자체다.

스탈 부인 <불란서 작가>

*

여자는 한 병의 꿀을 몽땅 핥아 먹어치우는 탐욕스런 황벌을 닮았다. 신은 남자에게 그 피로의 무거운 짐을 갑절되게끔 주시었다.

헤시오도스 <그리스 시인>

*

만약에 신께서 여성으로 하여금, 남성을 지배케 하려고 하셨다면, 신은 아담의 머리뼈로서 그녀를 만들었으리라. 또 만약에 신이 여성으로 하여금 남성을 노예로 삼고자 하셨다면 아담의 발에서 여성을 만들었으리라. 그런데 신은 남성의 옆구리에서 여성을 만드시었다.

아우그스티누스 <로마 법왕>

*

남자는 사랑을 사랑하는 것에서 시작하여 여자를 사랑하는 것으로 끝나지만, 여자는 남자를 사랑하는 것에서 시작하여 사랑을 사랑하는 것으로 끝난다.

구르몽 <불란서 작가>

여자의 마음은 피아노이다. 예술가인 남성은 그것으로 즐거운 곡을 연주하여 영예롭게 빛난다. 더하여 피아노의 건반은 어느 하나 남김없이 높게 소리를 울린다.
프로벨 <불란서 작가>

*

남과 여는 손에 손을 마주잡고서야 천국에 들어갈 수가 있다. 신화가 우리에게 말하듯이, 함께 천국을 떠났기 때문에 함께 그 곳으로 돌아가야 한다.
리차드 · 가넷 <영국 문학자>

*

남자들이란 대체적으로 여자가 유창한 화술을 발휘할 때 보다 식탁에 맛있는 요리가 나와 있을 때에 더 기뻐한다.
사미엘 · 죤슨 <영국 문학자>

*

애정이 없는데도 옷을 벗는 여성도 있거니와, 알몸이 되지 않고도 연애하는 남성도 있다.
모랑 <불란서 작가>

*

여자는 사랑에 한계가 없다고 주장하고, 남자는 사랑에 한계가 있다고 노래한다.
몽테를랑 <불란서 작가>

*

어찌하여 세상 모든 여성은 모든 남자의 코를 약탕자루 잡듯이 곧잘 집어서 마구 휘두르는지 나로서는 도저히 납득이 안 간다. 그녀들의 손은 그렇게 만들어진 것일까. 혹시 남성들의 코가 그 밖에 달리 쓸모가 없는 물건일까?

고오고리 <러시아 작가>

*

남자들의 차이란 아무리 달라봤자 기껏 하늘과 땅 차이이다.

그런데 가장 나쁜 여자와 가장 좋은 여자와의 사이에는 천당과 지옥만큼의 차이가 있다.

테니슨 <영국 시인>

*

질투는 남자에게는 약점이지만 여자에게는 하나의 강한 힘이다.

에이. 불란서 <불란서 작가>

*

여자는 남자와 결혼했으나, 남자는 일거리와 결혼했다.

<팬잡 속담>

*

모든 것을 다 바쳤을 때 여성은 세계를 다 준 것처럼 여긴다. 그러나 남성은 장난감을 얻는 것 같이 여길 뿐이다.

칼멘·실버 <루마니아 왕비>

*

남자는 청혼할 때야말로 즐거운 4월의 날씨이지만 결

혼한 뒤는 겨울날씨가 된다. 그리고 여자란 처녀시절이야 말로 맑은 5월이지만, 마누라가 되어버리면 갑자기 변덕스러운 날씨가 된다.

세익스피어 <영국 극작가>

*

 남자는 일하지 않으면 안되고, 여자는 울지 않으면 안되고, 그리고 그것이 끝나자마자 잠들게 되는 것이다.

킹그즈리 <영국 문학자>

*

 남녀가 같은 잠자리에서 자더라도 꾸는 꿈은 다르다.

<몽고 속담>

*

 여자가 남자의 친구가 되는데는 순서가 정해져 있다. 맨 처음엔 친구, 다음 번은 여인, 그리고 난 뒤 다시 그냥 친구가 되는 것이다.

체홉 <러시아 작가>

*

 남자는 필요하면 비싸도 사고 여자는 필요 없어도 싸면 산다.

도네 <불란서 작가>

*

 최상의 남자는 독신자 속에 있지만 최상의 여자는 기혼자 속에 있다.

스티븐슨 <영국 작가>

남자는 언제나 여인의 첫 애인이 되고 싶어 하지만, 그건 바보스런 허영심이다. 여인은 더욱 더 빠른 본능을 갖고 있다. 여인의 바램은 남자의 마지막 애인이 되는 것이다.

오스카·와일드 <영국 시인>

*

여자는 깊게 보고 남자는 멀리 본다. 남자에게는 세계가 심장이고 여자에게는 심장이 세계다.

그라페 <독일 극작가>

*

여자가 나이들어서 여자일수 없게 되면 턱에 수염이 돋는다. 그러나 나이를 먹어 남자일 수 없게 된 남자에겐 과연 무엇이 돋을 것인가?

스토린드베리 <스웨덴 작가>

*

서른 살 남자가 열 다섯 살 처녀를 유혹했다 한다면, 명예를 손상 당하는 것은 처녀 쪽이다.

스탕달 <불란서 작가>

*

독신자라는 것은 불완전한 동물이다. 한쪽 날이 망가진 가위와 같은 것이다.

프란클린 <미국 정치가>

*

기혼자와 독신자와의 구별은 「제본한 책」과 「가봉한 책」의 차이와 같은 것이다.

108 남녀의 비교

르나르 <불란서 작가>
*
남자의 얼굴은 자연의 작품이고, 여자의 얼굴은 예술작품이다.

앙드레·프레버 <불란서 평론가>
*
남자는 여자 몸을 지켜주는 피난처, 여자는 남자의 장신구.

후라일히라잇 <독일 시인>

제4장 결혼(結婚)에 대한

1. 결혼·부부
2. 부모·자녀
3. 가정·취미

제4장 결혼(結婚)에 대한

1 결혼・부부

서둘러 결혼할 필요는 없다. 결혼은 과일과 달라서 아무리 늦어도 계절이 어긋나는 법은 없다.
콜스토이 <러시아 작가>

*

결혼 전에는 두 눈을 크게 떠서 보라. 결혼한 뒤에는 한쪽 눈은 감아라.
토마스・푸러 <영국 성직자>

*

전쟁터에 갈 때는 한번 기도하고 바다로 떠날 때면 두 번 기도하라 - 그리고 결혼생활에 들어가지 전에는 세 번 기도하라.
<러시아 속담>

*

결혼 생활, 이 험난한 바다를 헤쳐 나가는 나침반은 아직 발견되지 않았다.
입센 <노르웨이 시인>

희극 줄거리는 보통 결혼으로 끝나는데, 사교계에서는

사건이 결혼에서 시작된다.
>마리뷔 <불란서 작가>

*

한 번 결혼함은 의무이고, 두 번 결혼함은 어리석은 행동이며, 세 번 한다는 것은 미친 짓이다.
<서양 속담>

*

결혼약속을 한 뒤가 아니면 연애를 안하겠다고 하는 것은 소설을 끝에서부터 읽기 시작하는 것과 같은 것이다.
모리엘 <불란서 극작가>

*

남자와 여자가 결혼했을 때는 그들의 소설은 끝을 고하고, 그들의 역사가 시작된다.
로미에 빌윱 <불란서 조각가>

*

결혼은 디저트보다 수프 쪽이 더 맛있는 정식이다.
오스틴·오마리 <미국 수필가>

*

사람은 적령기에 결혼해야 한다. 그보다 어리거나 나이가 많으면 너무 많은 것을 생각하기 때문이다.
초서 <영국 시인>

*

선량한 남편은 양처(良妻)를 만든다.
버턴 <영국 탐험가>

제4장 결혼(結婚)에 대한

1 결혼·부부

서둘러 결혼할 필요는 없다. 결혼은 과일과 달라서 아무리 늦어도 계절이 어긋나는 법은 없다.
톨스토이 <러시아 작가>

*

결혼 전에는 두 눈을 크게 떠서 보라. 결혼한 뒤에는 한쪽 눈은 감아라.
토마스·푸러 <영국 성직자>

*

전쟁터에 갈 때는 한번 기도하고 바다로 떠날 때면 두 번 기도하라 - 그리고 결혼생활에 들어가기 전에는 세 번 기도하라.
<러시아 속담>

*

결혼 생활, 이 험난한 바다를 헤쳐 나가는 나침반은 아직 발견되지 않았다.
입센 <노르웨이 시인>

*

희극 줄거리는 보통 결혼으로 끝나는데, 사교계에서는

사건이 결혼에서 시작된다.
>마리뷔 <불란서 작가>

*

한 번 결혼함은 의무이고, 두 번 결혼함은 어리석은 행동이며, 세 번 한다는 것은 미친 짓이다.
><서양 속담>

*

결혼약속을 한 뒤가 아니면 연애를 안하겠다고 하는 것은 소설을 끝에서부터 읽기 시작하는 것과 같은 것이다.
>모리엘 <불란서 극작가>

*

남자와 여자가 결혼했을 때는 그들의 소설은 끝을 고하고, 그들의 역사가 시작된다.
>로미에 빌윤 <불란서 조각가>

*

결혼은 디저트보다 수프 쪽이 더 맛있는 정식이다.
>오스틴·오마리 <미국 수필가>

*

사람은 적령기에 결혼해야 한다. 그보다 어리거나 나이가 많으면 너무 많은 것을 생각하기 때문이다.
>초서 <영국 시인>

*

선량한 남편은 양처(良妻)를 만든다.
>버턴 <영국 탐험가>

결혼은 세장 같은 것이다. 밖에 있는 새들은 안으로 들어가려 하고, 안에 있는 새들은 밖으로 나가려고 몸부림친다.

몬테뉴 <불란서 사상가>

*

아내는 남편에게 끊임없이 복종함으로써 남편을 지배한다.

프라 <영국 신학자>

*

결혼식 행진곡은, 나에게는 언제나 전투로 향하는 군대의 행진곡을 연상시킨다.

하이네 <독일 시인>

*

만약 혼례식 날 반지를 신부 손가락에 끼우는 대신, 코에 꿰는 것이었다면 이혼은 무용지물이 될 것이다.

르날 <불란서 작가>

*

결혼했던 편이 좋으냐, 혹은 안하는 편이 좋으냐고 물으면, 나는 「어느 쪽을 택해도 후회할 것이다」라고 대답하겠다.

소크라테스 <그리스 철학자>

*

모든 성실한 것들 가운데 결혼이라는 녀석이 가장 불성실하다.

보마르셰 <불란서 극작가>

결혼이란 지금껏 이떤 나침반도 항로를 발견치 못한 거친 바다이다.

하이네 <독일 시인>

*

남자는 심심해서 결혼한다. 여자는 호기심에서 결혼한다. 그리고 양쪽이 함께 실망한다.

와일드 <영국 시인>

*

귀 따갑게 욕설을 듣고 싶으면 결혼하라. 칭찬 받고 싶으면 죽어라.

<에레이 속담>

*

불행한 결혼을 한 사람은 이미 지옥에 갈 전도금을 받아 쥔 것이다.

<스웨덴 속담>

*

여자에게는 자기가 사랑하는 남자와 결혼하기보다는 자기를 사랑해 주는 남자와 결혼하는 게 낫다.

<아라비아 속담>

*

되도록 빨리 결혼하는 것은 여자의 비즈니스이고, 되도록 늦게까지 결혼 않고 지낸다는 것은 남자의 비즈니스이다.

버나드·쇼 <영국 극작가>

20년의 치정생활은 여성을 공공 건축물처럼 만들어 버린다.

와일드 <영국 시인>

*

결혼이란 서로에 대한 오해에 바탕을 둔 것이다.

와일드 <영국 시인>

*

한번 결혼해 버리면 선량하다는 것 외에는 그 어느 것도 자살조차도 남지 않는다.

스티븐슨 <영국 작가>

*

신의 눈으로 본다면 강간에 의하든 결혼에 의하든 아이를 낳았다는 것은 똑같은 코스이다.

쇼펜하우엘 <독일 철학자>

*

부부생활이란 길고 긴 대화이다.

니체 <독일 사상가>

*

부부사이의 애정이란 서로가 아주 싫증날 지경에 이른 다음에야 겨우 솟아 나오는 것이다.

와일드 <영구 시인>

*

부부는 한 몸이나, 주머니는 제각기.

<이스라엘 속담>

아무리 악처라 해도 50피아스타의 값어치는 있는 법이다.

<영국 속담>

*

남편이 아내에게 소중할 때는 다만 남편이 출타중일 때뿐이다.

도스또에프스키 <러시아 작가>

*

아내가 아양을 떨 때는 뭔가 나쁜 계책을 꾸미고 있다.

<러시아 속담>

*

그녀가 내 아내가 되었다. 즉 내가 그녀를 불행하게 만듦과 동시에, 또한 그녀도 나를 불행하게 만든 것이다.

웰즈 <영국 작가>

*

아내는 젊은 남자에게는 여주인이고, 중년 남자에겐 짝꿍이며, 늙은 남편에겐 유모다.

배콘 <영국 철학자>

*

자유롭게 놔두면, 좋은 아래도 못쓰게 돼버린다.

<러시아 속담>

*

아내가 좋으면 술도 맛있다.

<불란서 속담>

*

아내의 눈은 방안을 청결하게 한다.

<네덜란드 속담>

*

이쪽으로 살펴본 그대로 자기 아내에 대해서 말하는 사람은 아직 만나 본 적이 없다.

토마스·화러 <영국의 성직자>

*

그대가 좋은 아내를 얻으면 행복하게 될 것이고, 나쁜 아내를 얻으면 철학자가 될 것이다.

소크라테스 <그리스 철학자>

*

아내가 없는 남자는 잎사귀 없는 나무다.

<이태리 속담>

*

남편을 감화시킬 수 없는 아내는 거위이다. 남편을 감화시키려고 생각지 않는 아내는 성녀이다.

엣센바하 <독일 작가>

*

좋은 남편은 밤에 먼저 잠들고, 아침에 가장 늦게 일어나는 남편이 아니다.

발작 <불란서 작가>

*

홀아비로 있기보다는 단정치 못한 여자하고라도 결혼

하는 편이 났다.

<수단 속담>

*

　귀머거리 남편과, 장님 아내는 행복한 부부라 할 것이다.

<덴마크 속담>

*

　정열적인 애첩을 두어보면, 젊은 부부의 즐거움이 짐작된다.

보도렐 <불란서 시인>

② 부모·자녀

　소금의 가치는 없어져 봐야 알고, 부친의 가치는 부친의 사후에 안다.

<타미르 속담>

*

　자기 자신에게 모자랐던 것이 아들에게 실현되어짐을 보고자 하는 것은 모든 부친의 경건한 소망이다.

괴테 <독일 시인>

*

　여자의 최고 목적이 어린애라고 주장함은 어떤 광고적인 슬로건의 뜻이 있다.

보뷔왈 <불란서 작가>

*

부모는 장난으로라도 자식에게 거짓말을 해서는 안 된다.

한비자 <중국>

*

아이들이 있는 사람은 행복하지만, 아이들이 없는 사람도 불행하진 않다.

<불란서 속담>

*

애가 없는 자는 살아갈 이유를 알지 못한다.

<독일 속담>

*

남에게 줘버린 딸은 산을 향해 쏴버린 화살 같은 것.

<몽고 속담>

*

산의 절벽에는 언제나 안개가 있다. 할머니에게는 항상 슬픔이 있다.

<인도 속담>

*

아들은 결혼하기 전까지는 아들이다. 그러나 딸은 평생동안 딸이다.

토머스·프러 <영국 성직자>

*

아버지는 딸을 자랑스럽게 생각하고, 어머니는 아들을

자랑스럽게 생각하기 쉽다.
메난드로스 <그리스 시인>

*

　어머니는 소년을 한 사내로 마무리하는데 20년이 걸린다. 한편 어떤 여성은 그 소년을 20분 동안에 바보로 마무리하는 수도 있다.
로버트·프로스트 <미국 시인>

*

　부모라는 것은 하나의 중요한 직업이다. 그러나 아직껏 어린이를 위해서 이 직업의 적성검사를 행한 적은 없다.
버나드·쇼 <영국 작가>

*

　백 명의 남자가 하나의 숙박소를 만들 수는 있으나, 하나의 가정을 만들려면 한 여자가 필요하다.
<중국 속담>

*

　모든 갓난아기는 하느님이 아직 인간에게 절망하지 않고 있다는 메시지를 전하기 위해 태어난다.
타골 <인도 종교가>

*

　어린이에겐 비평보다는 본받을 모범이 필요하다.
쥬벨 <불란서 도덕가>

*

　기다림이 없는 집은 가정이 아니다.

체홉 <러시아 작가>

*

어린이가 가득한 집에서는 악마는 무력하다.
<꾸르디스탄 속담>

*

애기가 있는 가정과 애기가 없는 가정은 서로를 안쓰러워 한다.
에드가·하우 <미국 비평가>

*

온갖 야수 중에서 사내아이가 가장 다루기 어렵다.
프라톤 <그리스 철학자>

*

두려울 때 자신을 잃지 않는 대담성을 갖고 정직한 패배에 부끄러워하지 않으며 승리에 겸손한 아들을 저에게 주옵소서. 고난과 도전에 직면해 분투할 줄 알도록 인도해 주시어 폭풍우 속에서도 용감히 싸울 줄 알고 패자를 관용할 줄 알도록 가르쳐 주옵소서. 마음이 깨끗하고 목표가 높은 아들을, 남을 정복하려고 하기 전에 자신을 다스릴 줄 아는 아들을, 장래를 바라봄과 동시에 지난날을 잊지 않는 아들을 저에게 주옵소서 자기 자신에게 지나치게 집착하지 말게 하시고 겸허한 마음을 갖게 하시어 참된 지혜는 열린 마음에 있으며 참된 힘은 온유함에 있음을 명심하게 하옵소서. 그리하여 나 아버지는 어느 날 내 인생을 헛되이 살지 않았노라고 고백할 수 있도록 도와 주시옵소서.

맥아더 <미국 장군>

*

어린이는 어른의 아버지.

워즈워드 <영국 시인>

*

가장 좋은 향기는 식빵, 가장 좋은 조미료는 소금, 가장 좋은 사랑은 어린이의 애정.

<서양 속담>

*

태어나지 않은 아이의 머리는 깎을 수가 없다.

<수단 속담>

*

누구나 제 방귀 냄새는 구리지 않다.
누구나 제 새끼는 올바르다고 여긴다.

<스페인 속담>

*

고슴도치도 제 새끼 등은 매끄럽다 한다.

<한국 속담>

③ 가정·취미

처자식을 사랑하지 않는 자는 집에 암 사자를 기르고 슬픔의 둥지에 알을 부화한다.

제레미·테러 <영국 승정>

*

어린이라는 것은 태어났을 때부터 이미 갖가지 성격과 두려울 만치 놀라운 노인의 속성을 지닌다.

모리악 <불란서 작가>

*

어머니는 어린이라는 신의 존재를 믿는 여성이다.

앙드레·프레뷰 <불란서 평론가>

*

어린이는 하늘을 나는 새이다. 마음에 들면 날아오고 마음에 안 들면 날아가 버린다.

뚜르게네프 <러시아 작가>

*

행복한 가정은 거의 상통하게 닮았으나 불행한 가정은 모든 면에서 가지가지로 상이하다.

톨스토이 <러시아 작가>

*

아내를 가진 사람은 운명에 인질을 맡긴 것과 같다. 그 이유는, 아내와 자식은 좋든 나쁘든 대사업의 걸림돌이 되기 때문이다.

베이컨 <영국 철학자>

*

가정을 다스리는 것보다 왕국을 다스리는 쪽이 더 쉽다.

스칼보로 <영국 평론가>

나무와 풀은 자기 자손이 제 곁에서 자라지 않도록 마음을 쓴다. 그렇지 않으면 자손들 때문에 질식되고 말기 때문이다.

지드 <불란서 작가>

*

맹목적인 모성애 때문에 파멸한 인간은 위험한 소아병으로 파멸한 인간보다 많다.

옷토·라익스터 <독일 작가>

*

어진 아내란 남편이 비밀로 하고 싶어하는 사소한 일을 언제나 모르는 체 한다.

모음 <영국 작가>

*

가정은 어디서 시작되느냐 하면 젊은이가 처녀와 연애에 빠져드는 것에서 시작된다. 이 보다 더 훌륭한 길은 아직 발견되지 않았다.

버나드·쇼 <영국 극작가>

*

부부란 한 족쇄에 묶인 죄수이다. 그러므로 부부는 발 맞추어 걷지 않으면 안된다.

고리끼 <러시아 작가>

*

가장 잘 키운 어린이란 그 부모를 있는 그대로 보아온 어린이이다. 위선은 부모의 최초의 의무가 아니다.

버나드·쇼 <영국 극작가>

사랑은 결혼의 여명이고 결혼은 사랑의 일몰이다.
휘노드 <미국 저널리스트>

*

연애결혼은 잘못된 판단을 아비로 필요를 그 어미로 삼고 있다.
니체 <독일 철학자>

*

연애 없는 결혼이 있는 곳에는, 결혼 없는 연애가 태어날 것이다.
벤자민·프랑크린 <미국 정치가>

*

비구니 방에 가시오. 어째서 사내를 따라 붙어서 죄 많은 인간들을 낳고 싶어하시나이까?
셰익스피어 <영국 극작가>

*

많이 가진 자이건 가난한 자이건, 힘센 자이건 약한 자이건 놀고 먹고 지내는 시민은 모두가 사기꾼이다.
루소 <불란서 사상가>

*

사람이 범을 죽이려고 할 때에는 사냥이라 하고, 범이 사람을 죽이려고 할 때는 흉맹이라고 한다.
쇼 <영국 극작가>

*

만약에 이것이 커피라면, 뭔가 차 같은 것을 내놓으시오. 그러나 만약에 이것이 차였다면 뭔가 커피 같은

것을 내놓으시오
> **링컨** <미국 대통령>

*

도박은 탐욕의 자식이고 부정의 형제이며, 불행의 아버지이다.
> **워싱톤** <미국 대통령>

*

술과 계집과 노래를 사랑치 않으면 평생 어리석은 자로 자처하는 것이다.
> **루터** <독일 종교가>

*

부주의한 남자의 아내는 대개 과부가 된다.
> <헝가리 속담>

*

수면은 차용해 온 한 조각 죽음이다.
> **쇼팬하우엘** <독일 철학자>

*

유행을 쫓는 여인은 제 스스로를 연모하고 있다.
> **라·로슈프꼬** <불란서 정치가>

*

아침 늦잠은 시간의 낭비이다. 이보다 비싼 지출은 달리 없다.
> **디·카네기** <미국 저널리스트>

*

미신은 매우 약한 신앙심이다.

에드몬드 · 파크 <영국 정치가>

*

가정의 웃음은 가장 아름다운 태양이다.

새커리 <영국 작가>

*

금전이나 쾌락 또는 명예를 사랑하는 자는 사람을 사랑할 수 없다.

에픽테토스 <그리스 철학자>

*

씨앗을 뿌리면 수확을 한다. 다른 사람에게 고통을 주면 괴로워한다. 다른 사람에게 선행을 쌓으면 자신은 선행의 혜택을 받는다.

에머리 <미국 철학자>

*

다른 사람에게 선을 베푸는 자는 무엇보다도 자기 자신에게 가장 많은 선을 베푸는 사람이다.

세네카 <로마 철학자>

*

사랑과 스캔들은 가장 즐거운 화제다.

헨리 필딩 <영국 작가>

*

모든 풍문은 위험하다. 좋은 풍문은 질투를 유발하고 나쁜 풍문은 치욕을 부르기 때문이다.

토마스 프라 <영국 신학자>

일반적으로 볼 때, 중상모략에 대한 최상의 변명은 진실이다.

링컨 <미국대통령>

*

왕이든 백성이든 자기의 가정에서 평화를 발견하는 사람이 가장 행복한 사람이다.

괴테 <독일 시인>

*

가정이여, 폐쇄된 가정이여. 나는 너를 증오한다!

지드 <불란서 작가>

*

사람은 자기가 원하는 것을 찾아 세상을 돌아다닌다. 그리고 가정으로 돌아왔을 때 그것을 발견한다.

무어 <아일랜드 작가>

*

뛰어난 거짓말쟁이가 아니라면 진실을 말하는 것이 최선의 방책이다.

제롬 <영국 작가>

제5장 생활(生活)에 대한

1️⃣ 음식·담배·술
2️⃣ 의복·주택
3️⃣ 금전·사교·신체
4️⃣ 세상만태

제5장 생활(生活)에 대한

1 음식·담배·술

음식에 가장 좋은 양념은 공복이고 마실것에 가장 좋은 향료는 갈증이다.
소크라테스 <그리스 철학자>

*

식욕은 먹고 있는 동안에 나오는 것이다.
라브레 <불란서 인문학자>

*

맛있는 특별음식은 우리들을 관대하게 하고 미식가는 사람을 책망하지 않는다.
라따피 <불란서 식물학자>

*

식탁은 절대로 싫증나는 일이 없는 유일한 장소이다.
부리아·싸봐란 <불란서 식도락가>

*

음식에 대한 사랑보다 더 숨김없는 사랑은 없다.
쇼송 <불란서 작곡가>

*

치즈 없는 디저트는 애꾸눈 미인과 닮았다.

132   음식·담배·술

부리아·싸봐란 <불란서 식도학자>

*

나는 맛있는 수프로 살고 있었지 훌륭한 말씀으로 살고 있는 것은 아니다.

보리엘 <불란서 작가>

*

기워서 잇댄 셔츠와 언제나 약으로 꽉 차있는 위장은 오래 견디지 못한다.

<알바니아 속담>

*

이 세상에서는 먹고 마시고 명랑하게 지내라. 사정이 좋아 질 것 같다는 생각 등은 갖자 말라.

<독일 속담>

*

기도와 식사는 혼자서 하는 것이 좋다.

<힌두스탄 속담>

*

제한하기 어려운 것을 순서대로 정리하면 술, 여자, 노래다.

애덤스 <미국 유머리스트>

*

술과 여자와 노래를 사랑하지 않는 자는 바보다.

루터 <독일 종교개혁자>

*

저녁끼니를 거르고 잠자리에 든 자는 밤새도록 뒤척

거린다.
<이태리 속담>

*

새로운 요리의 발견은 새로운 별의 발견보다도 인류의 행복에 한층 더 공헌한다.
브리어 사바랭 <불란서 미식가>

*

창자가 세계를 지배한다.
파브르 <불란서 곤충학자>

*

우리들이 낙원을 뺏긴 것은 먹었기 때문이었지 마셨기 때문이 아니다.
빌레름·뮤러 <독일 시인>

*

신은 살코기를 베푸시고 악마는 꼬리를 베푸셨다.
존·테러 <영국 시인>

*

새 노랫소리보다는 빵.
<스웨덴 속담>

*

나를 살게 하는 것은 충분한 음식이지 훌륭한 말이 아니다.
뮐러 <독일 생리학자>

*

대체 이 세상에서 참으로 기쁨을 주는 것이 몇 가지

나 될까. 손꼽아 헤어 보니 확실히 첫손가락으로 꼽는 것은 음식물이다. 그러므로 집에서 언제 식사하는지 안 하는 지를 알아보는 것은 사람의 현우를 알 수 있는 확실한 시험이다.

임어당 <중국 문학자>

*

먹고 싶은 자는 요리사를 화나게 해서는 안된다.

<중국 속담>

*

좋은 커피는 마귀처럼 검고, 지옥처럼 뜨겁고 키스처럼 달지 않으면 안된다.

<헝가리 속담>

*

사내는 새 아내 보다 먼저 빵을 얻지 않으면 안된다.

<에레이 속담>

*

밥주머니가 텅 비어서는 우수한 정치가가 될 수 없다.

아인슈타인 <미국 물리학자>

*

빵만 있다면 웬만한 슬픔은 견딜 수가 있다.

세르반테스 <스페인 작가>

*

금강산도 식후경

<한국 속담>

아리스토텔레스와 그 학설이 무어라고 고상하게 말하였건 담배에 필적되는 것은 없다.　그것은 신사의 열정이다.　담배 없이 살아가는 사람은 살아있을 만큼의 가치가 없는 사람이다.

모리엘 <불란서 극작가>

*

　파이프는 철학자의 입술보다 영지를 끄집어내고, 어리석은 자의 입을 닫치게 한다.

삿까레 <영국 작가>

*

　여송연을 피우는 자로서, 자살한 사람은 없다.

위. 막긴 <영국 작가>

*

　담배를 끊는 일 같은 것은 매우 쉬운 일이지.　나는 벌써 백 번도 더 많이 금연했었지.

마크 · 투웨인 <미국 작가>

*

　박카스(술의 신)가 불을 부채질 할 때는, 비너스(사랑의 여신)가 난로 가에 앉아 있다.

<서양 속담>

*

　제 것 주고 안 받는다고 화내는 것은 술 뿐이다.

염상섭 <한국 작가>

*

　사이좋은 투사와 같이 술과 인간은 끊임없이 싸우고

끊임없이 화해하고 있다. 진 편이 언제나 이긴 편을
포옹한다.

보도렐 <불란서 시인>

*

 최초의 한 잔은 건강을 위해서, 두 번째 잔은 기쁨 때
문에, 석 잔 째는 치욕 때문에, 네 번째 잔은 광기 때문
이다.

아나칼시스 <그리스 철학자>

*

 근로는 나날을 풍요롭게 하고 술은 일요일을 행복하
게 한다.

보드렐 <불란서 시인>

*

 주정꾼이 말하기를 「맨얼굴인 자는 무엇을 생각하고
있느냐」

<스웨덴 속담>

*

 큰 술꾼은 술을 마셔 버린다. 술은 그때 비로소 술
꾼에게 복수한다.

다·뷘치 <이태리 화가>

*

 남자가 술을 마시면 집이 절반 불탄다. 여자가 마시
면 온 집이 불타 버린다.

<러시아 속담>

삼년동안 술을 마셔라. 그리하면 돈이 없어질 것이다. 삼년동안 술을 마시지 않고 있어 보라. 그래도 돈은 없어질 것이다.

<중국 속담>

*

어찌되어 갈 것인지 어림짐작도 할 수 없는 경우 두 가지 경우가 있다. 남자가 처음에 술을 마실 때와 그리고 여자가 최후로 「오늘밤 뿐」이라면서 술을 마실 때이다.

행리 <미국 작가>

*

술은 연애를 양육하는 밀크이다.

아리스토파네스 <그리스 희극시인>

*

마시면 죽는다. - 마시지 않아도 죽는다.

<몽고 속담>

*

남의 술병은 세 모금으로 비어 버린다. 내 술병은 열 모금 마셔도 비지 않는다.

<라트비아 속담>

*

음식의 가장 좋은 조미료는 굶주림이다.

소크라테스 <그리스 철학자>

*

굶주림은 날카로운 가시보다 더 예민하다.

헬더 <독일 사상가·문학자>

*

굶주린 자는 돌 담벼락도 뚫어 깨친다.

메난 도로스 <그리스 극작가>

2 의복·주택

집을 꾸미는 것은 남자의 일이지만, 내부를 사람의 형태에 따라서 배치하는 일이나 이것을 유지하는 것은 여자의 일이다.

알랭 <불란서 문학가>

*

하이힐은 이마에 키스를 받은 적이 있는 여성이 발명한 것이다.

크리스토퍼·모레이 <미국 작가>

*

세상에는 불행이 다음 세 가지밖에 없다. 겨울에 추운 집에서 사는 것, 여름에 긴 장화를 신고 다니는 것, 그리고 갓난애가 빽빽 울고 있는 방에 숙박하고 있을 때이다.

뚜르게네프 <러시아 작가>

*

누구나 제 집에서는 황제이다.

<이태리 속담>

*

집이 필요하면 된 것을 취하라.   처가 필요하면 다 된 것은 취하지 말라.

<불가리아 속담>

*

어딜 가더라도 편하고 느긋해지는 사람은 어디에도 내 집은 없다.

<러시아 속담>

*

제 집에서는 바람벽까지도 자기를 돕는다.

<러시아 속담>

*

사람은 그 제복대로의 인간이 된다.

나폴레옹1세 <불란서 황제>

*

사람은 대궐 안에서는 오두막 안에서와는 다른 생각을 하는 법이다.

훠이엘밧하 <독일 철학자>

*

사람은 의복에 알맞게 환영받고, 지능에 알맞게 해고된다.

<러시아 속담>

*

제복이란 이간에게 안도와 존엄을 동시에 주어진다.

그리고 온갖 복장은 거의가 제복이다.

아란 <불란서 철학자>

*

장신구는 신체의 노출된 부분에 대한 일종의 의복이랄 수 있다.

아란 <불란서 철학자>

3 금전·사교·신체

돈 없는 사람은 이빨 없는 늑대와 같은 것.

<불란서 속담>

*

굶주림은 늑대로 하여금 숲을 나서게 한다.

뷔용 <불란서 시인>

*

사람은 돈을 빌려주지 않는 것 때문에 친구를 잃고, 역시 돈을 빌려주는 것 때문에 친구를 잃는다.

쇼펜하우어 <독일 철학자>

*

재산 이상을 소비하는 사람은 부자가 아니며, 또한 자기 수입이 지출보다 많은 사람은 가난한 사람이 아니다.

할리버튼 <영국 문학가>

5백원 빌려주고 절반밖에 돌려 받지 못할 바에는 2백원 줘버렸던 편이 났다.

토머스·푸러 <영국 성직자>

*

빳빳한 새 지폐를 쥐면 새로운 행복이 온다.

코고리 <러시아 작가>

*

돈을 갖고 오면 베풂이 있다. 돈이 없어지면 문짝이 닫힌다.

괴테 <독일 시인>

*

사람의 유일한 위엄은 스스로를 낮추는 능력이다.

산타야나 <미국 철학자>

*

어떤 수단에 의해서 입수된 금전이건 현금이 되면 좋은 향내가 난다.

유베나류스 <로마 풍자작가>

*

인생은 바다요 뱃사공은 돈이다. 사공이 없으면 처세를 잘 해 나갈 수 없다.

비켈린 <독일 시인>

*

언제나 이쪽을 피해서 도는 것이 마음에 들지 않지만 돈은 천하를 돌고 도는 것이다.

두르게 네프 <러시아 작가>

축제는 인생이라는 기계의 윤활유이다.
                    봐레리 <불란서 시인>
*
보배의 둘레에는, 근심이 우글거리고 있다.
                    페터·웃 <독일 시인>
*
내 주머니 속에 든 잔돈푼은 남의 주머니 속에 든 큰 돈 보다 났다.
                    세르반테스 <스페인 작가>
*
돈은 떡처럼 진득진득한 것이다. 단단히 쥐고만 있으면 돈은 돈을 불러 모아서 얼마든지 잔돈이 붙어서 따라온다.
                    고리끼 <러시아 작가>
*
적은 액수의 빚은 채무자를 낳고, 많은 액수의 빚은 원수를 낳는다.
                    푸푸류스 <로마 극작가>
*
마누라와 돈지갑은 되도록 숨겨둬라. 너무 자주 남에게 보여주게 되면, 어느 날 빌려 갈 우려가 있다.
                    프랑클린 <미국 정치가>
*
축제는 많은 죄악을 뒤덮는 외투이다.
                    매난드로스 <그리스 극작가>

한 번 돈에 관한 문제가 되면, 너나 할 것 없이 같은 종파가 돼버린다.

뷜테르 <불란서 사상가>

*

우리들은 돈을 벌기 위해서 두뇌를 가지며, 돈을 쓰기 위해서 마음을 갖고 있다.

죠지·파커 <영국 희극작가>

*

돈 꾸어준 자는 돈 빌려 간 자보다 기억이 좋다.

<서양 속담>

*

빌리러 갈 때는 하느님, 갚을 때는 악마.

<불란서 속담>

*

부는 끓는 물이 계란을 굳게 함보다 빠르게 인심을 완고하게 한다.

페르넷드 <영국 작가>

*

축제는 바닷물을 닮았다. 그것을 마시면 마실수록 목이 더 마르는 것이다.

쇼펜하웰 <독일 철학자>

*

돈은 퇴비와 닮았다. - 흩어 뿌려지지 않는 한 쓸모가 없다.

베이컨 <영국 철학자>

돈이 말하는 곳에서는, 어떤 혓바닥도 침묵한다.
<이태리 속담>

*

저금은 상비약.
<서양 속담>

*

돈을 꾸어주면 두 가지를 완전히 잃는다.   즉, 우정과 돈.
<불란서 속담>

*

여하한 경우에도 돈 때문에 결혼하지 말라, 돈을 좀더 싸게 빌릴 수 있다.
<스콧트랜드 속담>

*

황금의 구두를 신고 여행하는 자는 이 세상 끝까지라도 가 닿으리라.
<에티오피아 속담>

*

사소한 지출을 경계하라.   작은 구멍이 큰배를 침몰시키는 법이다.
프랑클린 <미국 정치가>

*

남의 돈주머니를 베푸는 일은 쉽다.
<네덜란드 속담>

수전노의 돈은 그가 땅속으로 들어갈 때에 땅에서 나온다.

써디 <페르시아 시인>

*

사람은 사랑도 없이 아내를 갖듯이 행복도 없이 재산을 갖는다.

리봐롤 <불란서 저널리스트>

*

죽음과 세금은 피할 방도가 없다.

토마스·하리봐튼 <영국 작가>

*

거짓말에는 세금이 안 매겨졌다. 그래서 나라마다 거짓이 차고 넘쳐 있다.

<독일 속담>

*

돈주머니가 가난하면 마음은 병든다.

괴테 <독일 시인>

*

돈 많고 높은 지위에 있는 벼슬아치로서 에고이스트가 아닌 자는 없다.

톨스토이 <러시아 작가>

*

부자는 타국에 가도 가는 곳마다 내 집이 있으나, 가난한 자는 반대이다.

룻카드 <독일 시인>

부자의 병환과 가난뱅이의 술은 멀리에 있어도 방문해온다.

헬더 <독일 사상가·문학자>

*

부자가 넘어지면 재난을 만났다 하고, 거지가 넘어지면 저놈이 취했다고 한다.

<터키 속담>

*

한 명의 머슴은 한 명의 머슴, 두 명의 머슴은 반쪽의 머슴, 세 명의 머슴은 없는 것과 같다.

<폴란드 속담>

*

빈궁과 희망은 모녀지간이다. 딸과 사귈 때는 어미 쪽을 잊어버린다.

잔·파울 <독일 작가>

*

보석은 비록 진흙탕에 떨어져도 그대로 귀중한 것이며, 먼지는 하늘로 올라갔다손 치더라도 언제나 하찮은 것이다.

써디 <페루샤 시인>

*

치부는 지나친 것이다. 그것은 남에게서 훔치는 것이다.

로망·로랑 <불란서 작가>

넉넉한 돈이 없으면, 인생의 가능성의 절반은 따돌림 당하고 만다.

모옴 <영국 작가>

*

금전은 육감과 같은 것이다. 그것이 없으면 다른 5감각을 완전히 움직일 수가 없다.

모옴 <영국 작가>

*

「가난은 부끄러움이 아니다」라고 모든 사람이 입에 담으면서 누구나 납득하지 않는다.

콧체프 <독일 극작가>

*

만약에 돈의 가치를 알고 싶거든 몸소 나서서 얼마건 차용신청을 해 보라.

프랑클린 <미국 정치가>

*

축재를 얻는 방법은 세 가지 밖에 없다. 근로와 탄원과 도둑질이다. 그래서 너무나도 많은 부가 거지나 도둑의 손에 건너간다.

헨리·죠지 <미국 경제학자>

*

금전은 어떤 나라 사람도 이해하는 한 가지 말로 뜻을 말한다.

아프랴·벤 <영국 여류작가>

혹독한 주인을 섬기는 것도 고생이지만 고생하는 주인이 없는 이는 더욱 고생이다.
와일드 <영국 시인>

*

하루에 8시간 충실히 일하고 겨우 일을 끝내는 하인을 부리는 자가 되어서는 하루에 12시간 일하게 될 것이다.
로바트·트로스트 <미국 시인>

*

세력을 위해 교제하는 사람은 세력이 기울면 교제를 끊고, 이익을 위해 교제하는 사람은 이익이 없으면 흩어진다.
왕통 <중국 학자>

*

훌륭한 일을 해서 보수를 얻고 싶다고 바란다면 남의 시종으로 신분을 낮추어라.
세파 <독일 시인>

*

하인이 훌륭한 충언을 하면 그것은 주인의 공로가 된다. 하지만 주인이 돌이킬 수 없는 잘못을 저지르면 그것은 하인의 실수가 된다.
로귀 <독일 시인>

*

두 하인을 거느리고 있는 상전은 잘 돌보아 줌을 받지 못한다. 집안에 여자가 둘 있으면 깨끗한 청소가 되지 못한다.

괴테 <독일 시인>

*

살찐 돼지와 구두쇠는 죽은 뒤 비로소 쓸모 있게 된다.

로귀 <독일 시인>

*

자기 마음속에 갖고 있지 않은 것은 무엇 하나 자기 재산이 아니다.

크라우튀스 <독일 시인>

*

마음에도 없는 빈말보다는 침묵하는 편이 훨씬 사교성을 손상 받지 않는다.

몬테뉴 <불란서 도덕가>

*

사교술을 터득했다는 명성을 얻으려면 어떤 여성이라도 사랑하고 있는 것처럼 말하는데 있다.

와일드 <영국 시인>

*

사람들과의 교제에서 예절을 깍듯이 지키는 사람은 이자로 살아갈 수 있으나 그것을 무시하는 사람은 원금에 손을 대게 된다.

호프만스탈 <오스트리아 시인>

*

사물의 가치는, 그것이 없을 대 가장 잘 알 수 있다.

150 금전·사교·신체

<영국 속담>
*
지금 갖고 있는 것은 갖게 될 지 모르는 것 보다 났다.

<독일 속담>
*
돈과 양심은 반비례한다.

코리키 <러시아 작가>
*
악의 뿌리는 돈 그 자체가 아니라 돈에 대한 사랑에 있다.

스망리즈 <스콧트랜드 저술가>
*
언제까지나 가난에 머무는 가장 어김없는 방법은 이른바 무위도식으로 사는 것이다.

나폴레옹1세 <불란서 황제>
*
돈은 우리들에 있어서는 모친이기도 하지만 또한 우리들의 죽음이기도 하다.

코리키 <러시아 작가>
*
초대를 거절하는 것은 매우 좋은 일이지만 먼저 초대 받기까지 기다리는 것도 좋은 일이다.

처칠 <영국 정치가>

예의바름은 사랑을 치장한다. 게다가 돈도 들지 않는다.

<영국 속담>

*

처세술이란 것은 무엇보다 먼저 자기가 한 결심과 자기가 종사하고 있는 일에 대해서 불평을 하지 않는 일이다.

알랑 <불란서 사상가>

*

남에게서 좋게 여겨주기를 바란다면 자기자랑을 너무 늘어놓지 말아야 한다.

파스칼 <불란서 사상가>

*

좋은 소문은 멀리 퍼진다. 그러나 나쁜 소문은 더욱 멀리 퍼진다.

<유고 속담>

*

교수형 당한 가족이 있는 집에서는 새끼줄이란 말을 꺼내선 안된다.

<스페인 속담>

*

두 사람이 이야기를 주고받는데 한 사람이 그것에 귀를 기울일 수는 있다. 그러나 이 세상에서 참으로 심각한 문제를 추구해야 될 일을 단 번에 이야기할 수는 없다.

에머슨 <미국 시인>

*

그대와 함께 험담을 듣는 자는 그대의 험담도 들을 것이다.

<스페인 속담>

*

짜르황제가 감기에 걸리면 모든 러시아인은 기침을 한다.

<러시아 속담>

*

말 잘하는 첫째 요소는 진실, 둘째는 양식, 셋째는 기분 좋음, 넷째는 재치이다.

윌리엄·템풀 <영국 정치가>

*

연설은 마음의 인덱스이다.

세네카 <로마 철학자>

*

토론은 남성이며, 회화는 여성이다.

올콧 <미국 교육자>

*

웅변은 사상을 그림으로 만든 것이다. 따라서 다 그린 다음에도 아직도 가필하는 사람은 초상화 대신에 상상화를 만드는 일이다.

파스칼 <불란서 사상가>

변명은 치장한 거짓에 지나지 않는다.

A·포프 <영국 시인>

*

변명은 뒤집어진 이기심이다.

홈즈1세 <미국 의사>

*

실책에 변명을 하면 그 실책이 더 눈에 띄기 마련이다.

셰익스피어 <영국 극작가>

*

좋은 충고는 언제나 뒤에서 다가온다.

<스웨덴 속담>

*

남의 지혜로는 멀리까지 갈 수 없다.

<리트와니아 속담>

*

돌처럼 차가운 행위를 하려거든 융단처럼 부드러운 말씨로 지껄이지 말라.

<타타르 속담>

*

말이 만든 상처는 칼로 입은 상처보다 깊고 심하다.

<모로코 속담>

*

차가운 차와 찬밥은 그래도 참을 수 있으나 차가운 말은 도저히 참기 어렵다.

<중국 속담>

*

말을 가짐으로써 사람은 짐승보다 우수하다. 그러나 바르게 말하지 않는다면 짐승이 사람보다 우수하리라.

써디 <페르시아 시인>

*

줄곧 깎고 있으면 칼날이 무디어진다. 줄곧 지껄이고 있으면 지혜도 무디어진다.

<버마 속담>

*

혓바닥을 미끄럽게 하기보다는 발바닥을 미끄럽게 하는 편이 났다.

<불가리아 속담>

*

둘이서 동시에 노래할 수는 있으나 동시에 지껄일 수는 없다.

<독일 속담>

*

재담은 회화의 조미료이지, 음식은 아니다.

러즈릿트 <영국 평론가>

*

침묵이야말로 유일한 최대의 경멸이다.

산트·부부 <불란서 평론가>

*

재치는 그냥 여름옷이다. 반면 진리는 사시사철 언

제라도 입을 수가 있다.

        코채프 <독일 극작가>

      *

벙어리의 혀는 거짓말쟁이의 혀보다 났다.

          <터키 속담>

      *

입는 것은 새 것일 적부터 소중히 하고 명예는 젊을 때부터 소중히 하라.

       푸시킨 <러시아 시인>

      *

가난한 자에게 공치사를 하는 자는 없다.

      셰익스피어 <영국 극작가>

      *

아첨은 우리들의 허영심 덕택으로 통용 되는 위조화폐이다.

    라·로슈프꼬 <불란서 잠언작가>

      *

친척한테 알랑거리는 말을 듣기보다는 물어뜯기는 편이 났다.

        <에티오피아 속담>

      *

약속을 지키는 최상의 방법은 결단코 약속을 하지 않는 것이다.

    나폴레옹1세 <불란서 황제>

유행이란 현명한 사람들이 비웃으면서도 복종하는 전제군주이다.

피어스 <미국 저널리스트>

*

사람은 편지로는 낯을 붉히지 않는다.

키케로 <로마 정치가·웅변가>

*

새로움이란 것은 최후에는 어떤 음식물보다도 더 한층 필요하게끔 되는 흥분제의 일종이다. 일단 그것이 우리들을 포로로 사로잡게 되면 끊임없이 복용량이 증가해서 치사량에 임박할 때까지 가고야 말 것이다.

봐레리 <불란서 시인>

*

겉치레 인사란 베일을 사이에 둔 채 키스하는 것과 같다.

위고 <불란서 시인>

*

편지를. 받아들였을 때는 희망. 읽고 난 뒤에는 실망.

앙드레·프레붜 <불란서 평론가>

*

별로 하찮은 것이라 해도 새로우면 오합지졸을 기쁘게 한다.

웨리피테스 <그리스 비극시인>

금전·사교·신체   157

남의 집 빵은 씁쓰름하고 남의 집 문턱은 높다.
푸시킨 <러시아 작가>

*

초대받지 않았는데 온 손님은 돌아갈 시간이 됐을 때 더 많은 환영을 받는다.
세익스피어 <영국 극작가>

*

약속과 파이의 외피는 쉽사리 깨진다.
스위프트 <영국 풍자작가>

*

유행은 차마 눈뜨고 볼 수 없으리 만큼 추악한 외모를 하고 있기 때문에 6개월마다 바꾸지 않으면 안된다.
와일드 <영국 시인>

*

모든 도박에 거는 자는 불확실한 것을 얻기 위해 확실한 것을 내기에 건다.
파스칼 <불란서 사상가>

*

진짜 도박꾼은 주의·조심·솜씨를 꼭 필요로 하는 내기는 별로 좋아하지 않는 법이다.
알란 <불란서 사상가>

*

식후의 수면은 은, 식전의 수면은 금.
톨스토이 <러시아 작가>

인생에는 진짜 매력이 단 한 가지밖에 없다. 그것은 도박의 매력이다. 그러나 만약에 우리들이 지든 이기든 아무렇지도 않다고 한다면 어찌 됐을까.
보드렐 <불란서 시인>

*

건강한 사람은 자기 건강을 모른다. 병든이만이 건강을 알고 있다.
카라일 <영국 평론가>

*

조금 마시고 그리고 일찍 푹 쉬는 것, 그것이 세계적인 만병통치약이다.
돌라크로어 <불란서 화가>

*

전염병에 걸려있는 사람도 이웃사람이 감염된 것을 알면 크게 안도의 가슴을 쓰다듬는다.
앙드레·프레붜 <불란서 평론가>

*

건강한 신체는 객실이며 병든 신체는 감옥이다.
베이컨 <영국 철학자>

*

코감기는 사상 깊은 것 보다 더 많은 고통을 준다.
르날 <불란서 작가·극작가>

*

내 살갗은 비교적 볕에 그을린 편이다. 창백한 살갗 패거리들은 조심하는 게 좋다.

몽테르란 <불란서 작가>

*

피로는 가장 편한 베개이다.

프랑클린 <미국 정치가>

*

수면은 노동을 안해도 신들이 우리에게 주신 유일한 선물이다. 그러나 노동을 하면 그것은 세 갑절이나 더 감미롭게 된다.

웨벨 <독일 작가>

*

셋은 희다. 살갗, 치아, 손.
셋은 검다. 눈, 눈썹, 속눈썹.
셋은 붉다. 입술, 볼, 손톱.
셋은 길다. 신체, 모발, 손.
셋은 짧다. 귀, 치아, 턱.
셋은 넓다, 가슴, 이마, 눈과 눈 사이.
셋은 가늘다. 허리, 손, 발.
셋은 얇다. 손가락, 발목, 콧구멍.
셋은 두툼하다. 입술, 팔, 엉덩이.

<미상>

*

인간의 눈이 둘, 혀가 하나인 이유는 지껄이는 것보다 갑절로 관찰하라는 뜻에서이다.

콜톤 <영국 경구가>

엉덩이는 주인더러 「일어서!」하지 않는다.   그러나 주인이 일어서면 엉덩이는 따라 간다.

<세네칼 속담>

*

한 가닥 머리카락조차도 그 그림자를 던진다.

괴테 <독일 시인>

*

웃는 낯에 침 못 뱉는다.

<한국 속담>

*

좋은 볼기는 스스로 앉을 걸상을 찾는다.

<에스토니아 속담>

*

다른 사람의 두 눈보다 자기 한눈이 났다.

<폴란드 속담>

*

그들 십 명, 이십 명의 장점보다도 당신의 눈에 천 명의 사람을 죽이는 힘이 있도다.

셰익스피어 <영국 극작가>

*

제 눈보다 나은 목격자는 없다.

<에티오피아 속담>

*

한 눈이 아무리 크더라도 두 개인 편이 났다.

<수단 속담>

시선(눈길)은 검(칼)이다.

<그리스 속담>

*

눈은 자기를 믿고 귀는 남을 믿는다.

<독일 속담>

*

눈이 보이는 인간은 보인다는 행복을 모르고 있다.

지드 <불란서 작가>

4 세상만태

오늘이라는 하루는 내일이라는 날의 이틀 분의 가치를 갖고 있다.

프랑크린 <미국 정치가>

*

여하한 경우에도 시계를 보지 말라고 젊은이들에게 일러두고 싶다.

에디슨 <미국 발명가>

*

어제의 일로써 현명해지는 것은 쉽다.

<러시아 속담>

*

영웅은 보통사람보다 더 용기가 있는 것이 아니라 오

직 5분쯤 용기가 오래 지속되었을 뿐이다.
에머슨 <미국 평론가·시인>
*

시간은 쓰는 방법 여하에 따라서 금도 되고 납도 된다.
앙드레·프레붜 <불란서 평론가>
*

시간을 얻는 가장 좋은 방법은, 일주에 6일(5일도 7일도 아니고) 일정한 낮(밤중이 아님) 시간에 단지 단속적이 아니라 규칙적으로 일하는 것이다. 밤을 낮삼고 일요일을 일하는 날로 치는 것 등은 결코 시간과 일하는 힘을 얻을 수 있는 최악의 방법이다.
힐티 <스위스 사상가>
*

시간은 가장 현명한 법률고문이다.
페리크레스 <그리스 철학자>
*

맛있는 것을 먹더라도 8시간을 내리 먹을 수는 없는 것이며 논다는 것도 마찬가지다. 다만 일만은 8시간 계속해도 싫증나지 않는다. 또 해낼 마음도 생긴다.
쇼 <영국 극작가>
*

삶에 있어서 오락이나 어느 정도의 향락은 반드시 필요하다. 그러나 향락에 빠지면 인간이 아닌 동물적으로 타락하기 때문에 패가 망신한다.

에머슨 <미국 이상주의자>

*

제일 바쁜 사람이 제일 많은 시간을 갖는다.

아렉산들비네 <스위스 신학자>

*

어물어물하고 있는 것은 시간을 도둑맞는 것이다.

에드워드·영2 <영국 시인>

*

오직 5분! 제기랄! 나는 일생을 통해서 5분간 늦어 지나기만 했다.

꾸리 <영국 극작가>

*

일하면서 노래하는 것은 좋다. 그것은 노동에 감격을 주게 한다. 그러나 노래하는 것을 일삼지 말라, 구두 밑바닥이 납덩이처럼 무거워 진다.

아나스타슈스·그륜 <오스트리아 시인·정치가>

*

모든 새 옷단장이 필요한 사업에는 정신을 차려라.

솔로 <미국 사상가>

*

나는 항상 일을 한다. 만찬 사이에도, 극장에서도. 밤중에 눈만 뜨면 일을 한다.

나폴레옹1세 <불란서 황제>

*

어떠한 직업도 자기가 지배하는 한은 유쾌하다. 복

종하는 한은 불쾌하다. 전차의 운전사는 버스 운전사 만큼은 행복하지 못하다.

알란 <불란서 철학가·비평가>

*

악사의 손에 들린 악기는 듣는 사람을 매혹시킨다. 그러나 다룰 줄도 탈 줄도 모르는 사람 손에 들리면 악기는 무거운 짐이 된다.

<에티오피아 속담>

*

자기 할 일을 찾아 낸 사람은 행복하다. 그에게 다른 행복을 찾게 해서는 안된다.

카라일 <영국 평론가>

*

우리는 때때로 다른 사람의 성공보다는 실패에서 많은 것을 배운다.

롱펠로 <미국 시인>

*

세상에는 천한 직업이 없으며 단지 천한 사람이 있을 뿐이다.

링컨 <미국 정치가>

*

인간이 자기 일로 행복해지고자 한다면 다음 세 가지가 필요하다. 즉 그 사람은 그 일을 좋아해야 되고 지나치게 해선 안되고 성공한다는 느낌을 안고 있어야만 하다.

라스킨 <영국 평론가>

*

항상 오직 오늘만을 위해서 일하는 습관을 들이는 것이 좋다. 내일은 저절로 다가온다. 그래서 그와 함께 새로운 내일의 힘도 또한 다가오는 것이다.

힐티 <스위스 사상가>

*

노동을 함으로써 이 세상은 나의 집이 된다. 노동하지 않는 자는 고향을 못 갖는다.

아웰밧하 <독일 작가>

*

기도는 하늘에서 축복을 꺼내고 노동은 대지에서 축복을 꺼낸다. 기도는 천상의 수레 노동은 지상의 수레이니, 이 둘 모두 그대의 집에 많은 행복을 날라 들인다.

폰·뮤러 <독일 철학자>

*

너는 두 손과 한 입을 갖고 있다. 그 뜻을 잘 새겨 보아라, 두 손은 노동을 위하여 한 입은 식사를 위해 있는 것이다.

룻카드 <독일 시인>

*

장사 거래는 집시처럼 하라, 그러나 지불은 신사처럼 하라.

<유고 속담>

상거래는 기름과 같은 것이다. 상거래 이외의 것과는 어울리지 않는다.
그라함 <영국 시인>

*

실수와 실패는 우리가 전진하기 위한 훈련이다.
챠닝 <미국 목사>

*

구두 장사가 제일 나쁜 구두를 신는다.
<독일 속담>

*

불결한 공장에 선량한 직공은 없다.
헨리·포드 <미국 실업가>

*

장사? 단순한 것이지. 남의 돈이란 말이야.
아렉산돌·듀마 <불란서 작가>

*

전도사는 말한다. 「헛되고 헛되도다 세상만사 모든 것이 헛되도다」 당신은 이러한 생각에 수긍할 것이지만 당신은 또한 「그렇다고 팔짱을 끼고 놀다가 말라죽는 것도 어리석은 일이다」는 말에도 역시 수긍할 것이다.

「무슨 일이든 손 닿는대로 하여라 저승에 가서는 할 일도 생각할 일도 없다. 깨쳤던 지혜도 쓸데없어진다」고 한 말에도 진심으로 수긍할 것이다.
토마스·울프 <미국 소설가>

제6장 연애(戀愛)에 대한

1. 연애
2. 애정

제6장 연애(戀愛)에 대한

1 연 애

불행한 연애도 처음 연애하는 자는 하느님이다. 그러나 두 번째로 불행한 연애를 하는 것은 멍청이다.
하이네 <독일 시인>

*

발자국을 남기지 않고 눈 덮인 길을 걷는 법을 배웠다면 연애를 하라.
<미상>

*

연애가 어깨를 두드렸을 때 평상시엔 시적인 말에 귀도 기울이지 않던 남자까지도 시인이 된다.
프라톤 <그리스 철학자>

*

연애의 운명은 눈 가린 숨바꼭질 같은 것이다.
구리보에도프 <러시아 극작가>

*

짧게 웃고 길게 운다. 그것이 연애의 습성이다.
가에벨 <독일 시인>

연인은 누구의 연인이건 밉게 뵈지 않는다.
<미상>

*

영혼은 둘이지만 생각은 하나. 하나가 되어서 고동치는 두 심장.
베링하우젠 <독일 작가>

*

당신과 함께 걸어갈 때는 나는 언제나 단추에 꽃을 꽂고 있는 느낌이 든다.
싸키리 <영국 작가>

*

사랑하는 연인들에게는 우주전체가 자기 조국으로 보이는 법이다.
아베·프레퍼 <불란서 작가>

*

애인을 기다리는 사람에게 시간의 더딘 걸음만큼 슬픈 소리를 내는 것은 없다.
모음 <영국 작가>

*

연애하는 사람들은 좀도둑처럼 처음에는 사소한 데까지 조심하지만, 차츰 조심히 둥한해져서는 가장 요긴한 조심도 잊어버리고 연애에 사로잡히고 만다.
듀끄로 <불란서 인생비평가>

*

사랑을 하고 있는 사람의 귀는 어떤 낮은 소리도 분

간한다.

셰익스피어 <영국 극작가>

*

　연애는 전쟁과 같은 것이다. 시작은 쉬우나, 끝내기는 어렵다.

멘켄 <미국 평론가>

*

　연애는 어떤 점에서 야수를 인간으로 만들지만, 한편으로는 인간을 야수로 만들기도 한다.

셰익스피어 <영국 극작가>

*

　연애는 결혼보다도 즐겁다. 소설이 역사보다 재미있는 것과 마찬가지로.

카라일 <영국 사상가>

*

　연애에는 네 가지 다른 유형이 있다. 정열연애, 취미연애, 육체연애, 허영연애.

스탕달 <불란서 문학가>

*

　자연은 단지 연애를 위해 우리를 이 세상에 태어나게 해 주셨다.

체홉 <러시아 작가>

*

　연애가 귀찮은 것은 그것이 공범자 없이는 끝날 수가 없는 죄악이라는 점에 있다.

보도렐 <불란서 시인>

*

연애란 매춘의 취미다. 그리고 아무리 고상한 쾌락이라 할지라도 매춘으로 환원치 않는 것은 없다.

보드렐 <불란서 시인>

*

연애란 미소녀를 만나게 되는 것, 그리고 그 소녀가 대구어처럼 보이면서 정신이 들기까지의 중간에 있는 달콤한 휴식시간이다.

존·파리모어 <미국 배우>

*

보답 받지 못한 연애는 무서리 맞아 시든 초목을 닮았다.

로페·드·베가 <스페인 극시작가>

*

연애는 남자의 생애에서 한 삽화에 지나지 않으나 여자의 생애에선 역사 그것이다.

스탕달 <불란서 문학자>

*

연애는 매력 없는 학자들보다 몇 배 우수한 인생교사이다.

알렉산트리데스 <그리스 풍자작가>

*

연애는 홍역을 닮았다. 나이를 들어서 거릴 수록 중증이 된다.

윌리엄·제롤드 <영국 문인>

*

연애는 불란서에선 희극, 영국에선 비극, 이태리에선 비가극, 독일에서는 멜로드라마이다.

푸렛싱턴 <영국 작가>

*

연애에서 최초의 한숨이야말로 지혜의 종말이다.

앙뜨워느·프레 <불란서 시인>

*

연애가 집안으로 들어오면 지혜가 집밖으로 나간다.

로거 <독일 시인>

*

「연심」이라는 이름의 놈팡이는 아무리 매도하고 욕설을 퍼부어도 쉽사리 가슴이라는 성채를 뛰쳐나갈 리 만무한 줄로 아뢰오.

셰익스피어 <영국 극작가>

*

연애편지 - 청년은 서둘러 읽고, 장년은 천천히 읽고 노인은 되풀이 읽는다.

앙드레·프레버 <불란서 논평가>

*

기침과 사랑과 불길과 근심사는 오래 숨겨놓을 수 없다.

루돌프·웨켈린 <독일 시인>

연모해서 연애를 잃은 것은 전혀 사랑하지 않은 것보다 났다.

테니슨 <영국 시인>

*

육체적인 불만족은 연애나 부부애를 죽이는 것이 아니라 오히려 그것을 단련시키는 것이다. 순결을 지킨 동정은 별로 인간을 병들게 하지 않는다.

피칼 <불란서 평론가>

*

우정과 연애는 하나의 뿌리에서 돋아난 두 가지 식물이다. 단지 후자가 꽃을 좀더 많이 가졌을 뿐이다.

지·구톱프슈독 <독일 시인>

*

사랑의 괴로움만큼 달콤한 것은 없고, 사랑의 한탄만큼 즐거운 것은 없고, 사랑의 고통만큼 기쁜 것이 없고, 사랑해서 죽도록 행복한 일은 없다.

모릿츠·아른트 <독일 시인>

*

연애에서의 불행의 9할은 편지질에서 생긴다. 그것은 이를테면 음료수를 통해 장티푸스에 걸리는 것과 같다.

도네 <불란서 극작가>

*

우정이 연애가 될 때는 두개의 강물처럼 섞여서 유명한 쪽이 다른 쪽 이름을 흡수한다.

스큐데리 <불란서 작가>

*

둘의 입술이 황홀경을 헤매게 하는 키스를 낳듯이 우정과 연애는 인생의 행복을 낳게 한다.

헷펠 <독일 극작가>

*

성 본능 없이는 어떤 연애도 있을 수 없다. 연애는 흡사 범선이 바람을 이용하듯이 이 거친 힘을 이용한다.

올르테가·이 가제트 <스페인 철학자>

*

성욕에 대한 투쟁은 칼날 위를 걷는 것과 같다.

간디 <인도 민족운동가>

*

어미젖을 빤다는 행위가 온갖 성생활의 출발점이 된다.

프로이드 <오스트리아 심리학자>

*

연애란 남자가 단 하나의 여자로 만족하기 위해 지불하는 노력이다.

폴·제라르디 <불란서 극작가>

*

연애란 어느 여성이 딴 여성과는 다르다는 명상이다.

멘켄 <미국 평론가>

*

연애가 태어나기까지에는 미모는 간판으로서 필요하

다.

스탕달 <불란서 작가>

*

남자의 첫사랑을 만족하게 하는 것은 여자의 마지막 연애뿐이다.

발작 <불란서 작가>

*

연애를 한 뒤에 가장 큰 행복은 자기의 연심을 고백하는 일이다.

지드 <불란서 작가>

*

가장 놀랄 만한 기억력은 연애하는 여인의 기억력이다.

모러 <불란서 작가>

2 애 정

여자의 사랑은 하늘과 같고, 남자의 사랑은 바다와 같은 것이다. 이렇듯 애정이란 제각기 아래위로 구분과 한계가 있는 것을 깨닫지 못한다.

모리스·톤프슨 <미국 시인>

*

일반적으로 볼 때, 사랑을 받는 사람은 사랑을 주는

사람이다.

러셀 <영국 철학자>

*

 사랑의 수단은 양성(兩性)의 싸움이며, 사랑의 근본은 양성의 목숨 건 증오다.

니체 <독일 철학자>

*

 숫처녀의 사랑은 신축아파트와 같아서 딱 질색이다. 흡사 거칠한 담벼락에 닿는 느낌이 든다. 그러나 먼저 살던 자가 남기고 간병이나 전염병균을 걱정할 필요만은 없다.

르날 <불란서 작가>

*

 손위라면 존경의 키스
 이마 위라면 우정의 키스
 볼 위라면 호의의 키스
 입술 위라면 애정의 키스
 감은 눈 위라면 동경의 키스
 손바닥 위라면 간청의 키스
 팔 위라면 욕망의 키스
 자, 그 외는 모두 미친 광기짓.

구릴발첼 <오스트리아 극작가>

*

 연애는 아침 그림자를 닮아 점점 작아져 간다. 그러나 노인의 마음에 깃든 우정은 저녁 그림자처럼 인생의 태양이 저물 때까지 커져간다.

유루스·뷔벨 <독일 작가>

*

사랑은 악마이고 불꽃이며 천국이고 지옥이다. 거기에는 쾌락과 고통 슬픔과 후회가 살고 있다.

배필드 <영국 시인>

*

왕위는 버릴 수 있어도 사랑만은 버릴 수 없다.

에드워드 8세 <영국 왕>

*

사랑은 행운의 돈지갑이다. 주면 줄 수록 그 안은 불어 난다.

뮤러 <독일 시인>

*

사랑이란 안개와 같은 것이다. 모든 산 위에 있다.

<호주 속담>

*

그대를 사랑한 것은 그대를 울리게 할 것이다.

<아르헨티나 속담>

*

사랑을 하고 또 사랑을 잃는 것은 한 번도 사랑하지 않는 것보다 낫다.

테니슨 <영국 시인>

*

사랑은 치유할 수 없는 질병이다.

드라이든 <영국 시인>

*

사랑은 유리다. 아무렇게 잡거나, 너무 꽉 잡으면 깨어진다.

<러시아 속담>

*

1페니의 애정은 1파운드의 법률과 맞먹는다.

<영국 속담>

*

겨울 태양과 탕아의 애정은 오는 게 더디어서 곧 사라진다.

<불란서 속담>

*

쉽게 더워지는 애정은 쉽게 식는 법이다.

<한국 속담>

*

진실한 사랑이란 귀신같은 것, 누구나 그에 대해서 얘기는 하지만 그것을 본 사람은 거의 없다.

라·로슈프꼬 <불란서 정치가>

*

연인끼리의 싸움은 새로운 사랑의 시작이다.

테렌티우스 <로마 작가>

*

섹스는 전쟁의 원인도 되고 평화의 목적도 되며 성실함의 기초이며, 또한 멋의 목표이기도 하며 대화의 무진

장한 원천이며 모든 풍자의 열쇠도 되며, 온갖 비밀스런 눈짓의 뜻도 된다.

쇼펜하우엘 <독일 철학자>

*

사랑에는 가식이란 것이 없다. 욕정은 먹보라서 가식으로 죽어버린다.

셰익스피어 <영국 극작가>

*

질투는 영혼의 황달이다.

드라이덴 <영국 시인>

*

욕망의 상대에게 폭력을 휘두르지 않으면 안된다. 상대가 굴복하자마자 쾌락은 더욱 더 커진다.

마르끼·드·싸드 <불란서 작가>

*

세상의 연인들을 보라. 간신히 고백이 시작될 때에는 이미 속고 있다.

릴케 <독일 시인>

*

지혜는 이성(理性)속에 있는 것이 아니라 사랑 속에 있다.

앙드레·지드 <불란서 작가>

*

아무리 남녀의 사랑이 완전의 경지에 도달한다 할지라도 그 속에는 반듯이 이원적인 요소가 스며들어 있다.

로렌스 <영국 작가>

*

사랑하는 사람의 광란은 모든 광란 가운데에서 가장 행복한 것이다.

플라톤 <그리스 철학자>

*

너를 영원히 사랑한다고 말하는 것은, 네가 살아 있는 동안 촛불이 계속 불타오를 것이라고 말하는 것과 같다.

톨스토이 <러시아 작가>

*

우리가 사는 이 세상에서 첫사랑의 의식(意識)보다 신성한 것은 없다

롱펠로 <미국 시인>

*

사랑의 힘은 육체로 그것을 경험하지 않고서는 알 수 없다.

프레보 <불란서 작가>

*

많은 이성들을 사랑한 사람이 받는 벌은 끊임없이 다른 이성을 사랑해야 한다는 것이다.

샤토브리앙 <불란서 정치가>

*

사람은 사랑을 이야기하는 것에 의해 사랑하게 된다.

파스칼 <불란서 철학자>

사랑을 방해하는 것은 아무 것도 없다. 사랑은 모든 것의 내부를 파고든다. 사랑에는 시작이 없다. 영원히 날개를 파닥거린다.

마티어스 클라우디우스 <독일 시인>

*

사랑은 상실이고 단념이다. 사랑은 모든 것을 다 주었을 때 더욱 풍부해진다.

구코 <독일 작가>

*

사랑을 하면서 동시에 현명해지는 것은 불가능하다.

실스 <로마 작가>

*

사람은 항상 첫사랑으로 돌아간다.

에티엔느 <불란서 극작가>

*

사랑은 추상명사이며 아무도 이 여신을 본적이 없다. 실제 있는 것은 사랑의 행위일 뿐이다.

에러히·프롬 <미국 사회심리학자>

제7장 사회(社會)에 대한

1 주의・혁명
2 역사・정치
3 전쟁
4 세계

제7장 사회(社會)에 대한

1 주의·혁명

한 사람의 여성이 읽는 것을 배웠을 때 이 세상에 부녀자문제가 발생했다.

옛센밧하 <독일 작가>

*

혁명은 하나의 불행이다. 더 큰 불행은 실패한 혁명이다.

하이네 <독일 시인>

*

지식인은 정치가를 경멸하고, 정치가는 지식인을 경멸한다.

로망·로랑 <불란서 작가>

*

평화를 보존하는 최선책은 전쟁당사자가 자기를 교수형에 처함이 마땅하다고 느끼는 때이다.

카리일 <영국 사상가>

*

데모크라시란 단지 인민을 위하여, 인민에 의해서, 인민을 커다란 몽둥이로 두드리는 것을 뜻할 뿐인 것이다.

와일드 <영국 시인>

*

근대의 전쟁이란 복잡 기괴한 비즈니스인 것이다. 그것에 대해서 무엇이나 알고 있는 사람은 하나도 없으며 다소간이라도 알고 있는 자도 드물다.

프랑크·녹스 <미국 저널리스트>

*

내쇼날리즘은 젖먹이 병이다. 그것은 인류의 홍역이다.

아인슈타인 <미국 물리학자>

*

후진국의 브르죠아지는 선진국의 혁명은 배우려 하지 않고 왕정복고의 흉내만 내고 싶어한다.

맑스 <독일 사회주의자>

*

혁신을 실행함에 그리 곤란을 겪지 않는 경우에는 혁신이 긴요치 않다는 증거이다.

뷔브날끄 <불란서 모라리스트>

*

개혁자들은「경험」에게는「자넨 늙고 노망 들었다」하고,「과거」에게는「젖비린내 나는 어린애」라고 한다.

쥬벨 <불란서 모라리스트>

*

나쁜 평화이더라도, 뜻 있는 전쟁보다는 항상 났다.

<러시아 속담>

영국은 모든 전쟁에서 패할 것이다. 최후의 전쟁을 빼놓고는.

처칠 <영국 정치가>

*

유토피아를 그려 넣지 않은 세계지도는 아무런 가치도 없다.

와일드 <영국 시인>

*

우리들은 봄과 여름에는 개혁론자로 가을과 겨울에는 보수론자 편에 선다. 아침에는 개혁파 저녁에는 보수주의자에게 각각 편을 든다. 보수주의는 위안을 위해서 진보주의는 진리를 위해서.

에머슨 <미국 시인>

*

근로계급 사람들의 이마에 가시 면류관을 씌워서는 안된다. 황금이라는 십자가에 인류를 못박아서도 안된다.

브라이언 <미국 정치가>

2 역사·정치

정치와 돈과 부패는 한 통속이다.

월터·리프먼 <미국 언론인>

정치꾼은 다음번 선거를 생각하고, 정치가는 다음 세대의 일을 생각한다.

크라크 <영국 아마추어화가>

*

대사(大使)라는 것은 국가를 위해서 해외에서 거짓말을 하기 위해 파견된 가장 정직한 인물이다.

<미상>

*

보수주의자는 멀쩡한 두 다리를 갖고 있으면서도 결코 걷는 것을 배우려 하지 않는 인간이다.

에. 루즈벨트 <미국 대통령>

*

너무 온건한 법은 거의 준수되지 않으며, 지나치게 엄격한 법은 거의 시행되지 못한다.

프랑클린 <미국 정치가>

*

정치인이 국회에서 제 자신에게 들려 줄 세 가지 목표는 ① 소유자에 대한 보증, ② 소유하려는 것에 대한 편의 ③ 모든 사람들의 희망 - 이다.

챠툭·코린즈 <영국 잡문가>

*

부패한 사회일수록 많은 법률이 존재한다.

사뮤엘·죤슨 <영국 문학자>

*

역사는 소문을 증류시킨 것이다.

역사 · 정치

카라일 <영국 사상가>

*

왔노라, 보았노라, 이겼노라.

케잘 <로마 황제>

*

왕관을 쓴 머리는 언제 건 편안히 잠드는 법이 없어라.

셰익스피어 <영국 극작가>

*

이 세상은 많은 사람들에게 애독되는 그림책과 같은 것이다. 책장을 한장씩 넘겨서 낱낱의 그림을 즐긴다. 그러나 원문에 적힌 글은 모두가 한 줄도 읽지를 않는다.

하이제 <독일 작가>

*

암살자는 세계의 역사를 바꾸지 않았다.

에머슨 <미국 시인>

*

정치에는 불을 대하듯 할 것이다. 화상을 입지 않으려면 가까이 해서도 안되며, 동상을 입지 않으려면 멀리 떨어져서도 안된다.

안티스테네스 <그리스 학자>

*

성문법은 거미줄과 같은 것으로서 가난한 자와 약한 자를 엉켜 감기며 붙잡지만 부자와 강한 자는 쉽사리

찢고 빠져 나와버린다.

         아나카르시스 <영국 철학자>
           *

 법률은 거미줄이다. 하늘소는 찢고, 파리는 잡혀 버린다.

              <체코 속담>
           *

 대포 앞에는 법도 통하지 않는다.

              <이태리 속담>
           *

 법보다는 주먹이 가깝다.

              <한국 속담>
           *

 신문은 이 세상에서 가장 편리한 것이다. 읽지 못할 뿐이지 다른 일이라면 무엇이라도 쓸 수 있다.

           스타인벡 <미국 작가>
           *

 교육은 지도하기 쉬운 민중을 만든다. 그러나 부리기 어려운 민중으로 만든다. 이른바 통치하기는 쉬워지지만, 노예로 부리는 것은 불가능하게 한다.

        헨리·프뤄감 <영국 법률학자>
           *

 정치의 첫째 과제는 교육이요, 둘째 과제도 교육이며, 셋째 과제 역시 교육이다.

          미슐레 <불란서 역사가>

어린이 교육에 대해서는 면학의 욕망과 흥미를 환기시키는 것이 제일이다. 그렇지 않으면 책을 짊어진 당나귀를 기르던 것으로 끝나고 말 것이다.

몽테뉴 <불란서 인생비평가>

*

사내아이는 머슴에 맞도록, 계집아이는 엄마가 되도록 교육하여야 한다. 그리하면 어디를 가든 잘 될 것이다.

괴테 <독일 시인>

*

교육은 참으로 좋은 것이다. 하지만 항상 잊어서는 안 될 것은 알 가치가 있는 것의 전부를 가리킬 수는 없다는 것이다.

와일드 <영국 시인>

*

꽃배추(카리후라워)는 대학교육을 받은 양배추(캐비지)이다.

마크 투웨인 <미국 작가>

*

신문은 사상의 묘지이다.

푸르던 <불란서 사회주의자>

*

국가의 자유에 대해서는 신문은 위대한 수호신이다.

구레이 <영국 정치가>

교육은 책을 읽을 수는 있으되 어떤 책이 읽을 가치가 있는 것인지를 분간 못하는 인구만을 증가 시켰다.
트레붜량 <영국 역사가>

*

학교교육을 못 받은 자는 훈련을 받지 못한 사냥개와 같다.
<모로코 속담>

*

새로운 방법으로 늙은 개를 가리킬 수는 없다.
<미상>

*

아메리카는 한 시간이 40분이다.
<독일 속담>

*

3인의 독일사람이 모이는 곳에는 항상 네 가지 의견이 있다.
<독일 속담>

*

영국인은 지성을 손끝에 지니고, 불란서 인은 혀끝에 지닌다.
<러시아 속담>

3 전 쟁

전쟁이 악으로 보여지는 한 전쟁은 언제나 그 매력을 잃지 않으리라, 그것이 속된 악이라고 여겨졌을 때 그것은 인기를 잃으리라.

와일드 <영국 시인>

*

전쟁은 우리들 모두가 지나치게 게으르고, 지나치게 안이하고 지나치게 겁장이기 때문에 일어나는 것이다.

헷세 <독일 작가>

*

전쟁준비를 해놓아야만 평화의 준비를 할 수 있다는 것은 안타깝게도 사실이다.

캐네디 <미국 대통령>

*

애국심이란 불한당들의 최후의 피난처이다.

싸미엘 <영국 문학자>

*

전쟁이란 국왕의 장사 속이다.

드라이덴 <영국 시인>

*

정치의 평화는 무지갯빛 꿈이다.

잉가솔 <미국 법률가>

*

모든 정부는 군대와 경찰을 필요로 한다. 그러나 자기편으로서는 군대와 경찰밖에 못 가진 정부는 조만 간에 크게 당하게 될 것이다.

머러 <불란서 작가>
*
철면피의 악보다는 오히려 평화를 위한 위선이 났다.
처칠 <영국 수상>
*
참말로 어째서 인간들은 전쟁을 잃고는 못살아 갈까요? 나는 그 까닭을 알 수 없어요.
톨스토이 <러시아 작가>
*
정치행동은 한 사회를 도와서 되도록 좋은 미래를 낳게 하는 산파가 아니어서는 안된다.
모러 <불란서 작가>
*
한 사람 죽이면 살인, 천 명 죽이면 영웅.
<인도 속담>
*
전쟁에서는 강자가 약자라는 노예를, 평상시에는 부자가 빈자라는 노예를 만든다.
와일드 <영국 작가>
*
전쟁은 모든 훔치는 것만을 목적 삼는다.
뷜텔 <불란서 철학자>
*
힘은 세계의 여왕이지만, 세상여론은 그렇지 않다. 그러나 힘을 부리게 하는 것은 세상여론이다.

파스칼 <불란서 철학자>

*

모든 정치는 이해관계를 가진 인간의 대부분의 무관심에 기초를 두고 있다.

봐레리 <불란서 시인>

*

전쟁은 도둑을 만들고 평화가 그들을 교수형에 처한다.

<미상>

*

온갖 혁신운동은 미치광이 같은 겉모양을 지닌다.

루즈벨트 <미국 대통령>

*

역사에서는 승자도 없고 패자도 없다. 다툼은 사람의 사사로운 마음에서 나오는 그릇된 생각이다. 승자도 패자도 없는데 이기자는 것이 싸움의 이유요, 일뿐이다.

함석헌 <한국 종교인·사상가>

4 세 계

영국은 남자에겐 감옥이며, 여자에겐 낙원, 하인에겐 연옥 살이, 말들에겐 지옥이다.

토머스·푸라이 <영국 신학자>

*

영국인은 벙어리 국민이다. 그들은 위대한 업적을 해냈으되 그것을 서술하지 않는다.

카라일 <영국 사상가>

*

영국인은 언제나 주의에 바탕을 두고 매사를 처리한다. 그는 애국주의에 바탕을 두고 싸우고, 사업주의에 바탕을 두고 강탈하며, 제국주의에 바탕을 두고 노예화한다.

<미상>

*

독일은 알맞게 살찐 용감한 말과 같으나 좋은 기수가 없다.

루터 <독일 종교가>

*

대개의 불란서인의 정열은 멋부리는 데에 소비된다.

몬테스큐 <불란서 정치철학자>

*

불란서인의 예의라 부르는 것은 우아하게 부드러워진 오만이다.

괴테 <독일 시인>

*

불란서인과의 교우는 즐거우나 포도주 같은 것이다. 즐겁지만 길게 가지는 못한다.

<독일 속담>

*

흑인을 무색으로 하는 최선의 방법은 백인에게 순백한 마음을 갖게 하는 것이다.

토머스·패인 <미국 정치가>

*

미국인은 비밀이라는 센스를 못 가졌다. 그들은 그것이 무엇을 뜻하는가 조차 알지 못한다.

쇼 <영국 극작가>

*

변덕이 심한 불란서인은 단 한가지 일에만은 충성한다. 즉 **변화를 좋아한다는 것이다.**

마리손 <스콧트랜드 역사가>

*

독일인은 제 2의 괴테를 낳지는 못할 것이나 제 2의 씨저라면 낳을 수 있으리라.

슈프랑거 <독일 철학자>

*

세계는 둥글고 또 돌고 있다. 그래서 사람들은 현기증을 일으켜서 멍청해지고 있는 것이다.

로귀 <독일 시인>

*

가장 존경받는 세계지도자들이나 국가원수들은 상대방의 눈을 똑바로 보며 태연하게 거짓말을 한다.

바버러워터즈 <미국 앵커우먼>

인간이 조금만 더 미치광이가 아니었던들 전쟁 때문에 생겨난 고통은 모면할 수 있었을 것이다.
앙드레지이드 <불란서 작가>

*

이 세상에서 최후의 복음은 자기의 일을 알고 그것을 이루는 것이다.
칼라일 <영국 사상가>

*

사람의 최대의 적은 바로 사람이다.
버턴 <영국 학자>

제8장 진리(眞理)에 대한

1. 진리·사상
2. 예술·독서
3. 교육·학문
4. 종교·악마
5. 동굴
6. 천문

제8장 진리(眞理)에 대한

1 진리·사상

　인류가 개발이라는 이름으로 하나뿐인 지구파괴를 계속 한다면 산업화에 의한 공해가 인류에게 종말을 찍게끔 할 것이다.
케네디 <미국 대통령>

*

　새로운 진리의 정해진 운명은 이단으로 시작되고 미신으로 끝난다.
토마스·학슬리 <영국 생물학자>

*

　진리는 죽어 가는 사람의 입술에도 살아 있다.
아놀드 <영국 시인>

*

　무리를 지어서 몰려오는 사상은 불량배이다. 좋은 사상은 조금씩 지어 나타난다. 위대한 사상은 단지 홀로 오는 것이다.
엣쎈밧하 <독일 작가>

*

　한 사람을 영원히, 여러 사람을 잠깐은 속일 수 있어

도 여러 사람을 영원히 속일 수는 없다.
아이브러헴 링컨 <미국 대통령>

*

사람은 하나의 사상을 몇 번 씩 써먹기 위해서 입던 옷처럼 사상도 안과 겉을 뒤집는 것이다.
붜브날그 <불란서 인생비평가>

*

진리란 단단한 치아를 필요로 하는 떡이며, 모두가 쳐다보고 싶어하는 새 각시이며, 누구나 그것으로 낯을 씻고 싶어하는 물이며, 깊은 상처를 입게 하는 창이며, 소화되기 어려운 음식물이다.
아부라함·아·싼타·끄랄라 <독일 종교가>

*

진리는 갈채로서는 가릴 수 없고, 시비는 투표로서는 결정 지울 수 없다.
카라일 <영국 사상가>

*

진리란 쓰디쓴 약이다. 사람들은 그것을 복용하고자 결심하기보다는 오히려 병을 앓는 채로 있다.
코채뷔 <독일 극작가>

*

강은 어느 때 어느 곳에서나 가장 낮은 자리를 택한다.
구 상 <한국 시인·사상가>

어리석은 사람과 현명한 사람은 피해를 주지 않는다. 절반은 어리석고 절반은 현명한 사람이 가장 위험하다.
괴테 <독일 시인>

*

나에겐 나 자신의 생애가 해변가 모래사장에서 노는 한 소년처럼 느껴진다. 나는 온갖 미지의 것을 가리키는 진리의 큰 바닷가에서 유달리 매끄러운 작은 돌이랑 유달리 예쁜 조각을 찾아내서 때때로 즐겁게 놀이에 열중하고 있는 한 소년이었다고 생각한다.
뉴톤 <영국 물리학자>

*

진리와 장미꽃엔 가시가 있다.
<서양 속담>

*

사람의 사람된 점은 생각하는데 있으며 항상 못났어야 참다운 생각을 할 수 있다.
함석헌 <한국 종교인·사상가>

*

우리들의 최대의 영광은 한번도 실패하지 않는 것이 아니라 쓰러질 때마다 다시 일어나는 데 있다.
골드스미스 <영국 작가>

*

참으로 위대한 특성도 그것을 실제로 이용하지 않으면 없는 것과 같다.
사브레 <불란서 여성>

자유롭고 평화롭게 살라하시며 진달래와 철쭉과 연달래를 같은 듯 다르게 지으신 신의 뜻이여 -

유안진 <한국 시인·학자>

*

진리가 명료할 때는 당파나 도당이 생길 여지가 없다. 밝은 대낮에 사람들은 결코 날이 샜는가 어떤가 논쟁은 하지 않는다.

뷜텔 <불란서 시인·철학자>

*

술은 쓰다. 국왕은 더 쓰다. 여자는 더 한층 쓰다. 그러나 진리는 가장 쓰다.

루터 <독일 종교개혁가>

*

진리는 「시간」의 딸이며 「권위」의 딸이 아니다.

베이컨 <영국 철학자>

*

사상은 겁이 많은 들짐승이다. 좇아가면 재빨리 도망친다. 맑은 눈으로 쳐다보면 안심해서 다가온다.
조용한 방랑자라면 손바닥에서 먹이를 받아먹도록 그를 길들일 수가 있다.

파울·하이제 <독일 극작가>

*

대자연은 하나의 거대한 조화를 이루고 움직인다.
그리고 육체와 정신은 둘이 아니고 하나이다.

김태길 <한국 철학자>

가장 참되고 가장 선하고 가장 아름다운 것 이것이 진리다.
백난준 <한국 교육자>

*

사람은 어딜 가더라도 약한 사상에다 강할 말의 외투를 입히는 것을 좋아한다.
파물·하이제 <독일 극작가>

*

고매한 사상은 전나무와 같아서 응달에도 벼랑 가에서도 잘 자라난다.
푸로벨 <불란서 작가>

*

지식은 경험의 딸이다.
다·빈치 <이태리 화가·조각가>

*

지식은 우리가 가진 하늘을 나는 날개이다.
셰익스피어 <영국 극작가>

*

심심 산골의 이름 없는 풀은 시들면 거름이 되어 새 생명의 성장을 돕는다.
안병욱 <한국 철학자>

*

지식은 찾아와 준다. 그러나 지혜는 이 곳 저 곳을 찾아 헤메이게 하고 있는 것이다.
텐풀 <영국 정치가>

지식은 회중시계처럼 안주머니에 깊숙이 숨겨둬라. 그리하여 그것을 갖고 있다는 것을 자랑하고 싶어서 꺼냈다 넣었다 하지 말라.
체스타필드 <영국 정치가>

*

지식을 희구함은 모든 신자들에게 있어서 신의 법도이다. 그러나 가치 없는 자에게 지식을 전하는 자는 돼지 목에 진주보석이나 황금을 거는 것과 진배없다.
모하멧 <이슬람교 창시자>

*

힘에 있어서 신과 대등하기를 바라는 천사는 법도를 깨서 떨어지고, 지식에 있어서 신과 대등하기를 바라는 인간은 법도를 깨서 떨어진다.
베이컨 <영국 철학자>

*

전 세계를 알면서도 제 자신을 모르는 자가 있다.
라·폰테느 <불란서 시인>

*

일체의 이론은 회색이며, 초록은 생명의 황금나무이다.
괴테 <독일 시인>

*

정통사상 의견을 이르는 것이고, 이단사상이란 남의 것이다.
체스타톤 <영국 작가>

사고는 수염과 같은 것이다. 성장하기 전에는 나지 않는다.

뷜텔 <불란서 사상가>

*

그대가 만약에 생각을 하지 않는 인간이라면, 그대는 무엇 때문에 인간인가.?

골릿지 <영국 시인>

*

보통 사람들에게 생각한다는 것만큼 귀찮은 것은 없다.

제임즈·프라이스 <영국 정치가>

*

자연 속의 만물은 놀고 있는데 인간만이 삶을 위하여 일을 하고 있다.

임어당 <중국 작가>

2 예술·독서

사업은 생산하고 예술은 소비한다. 이런 의미로는 신은 최대의 사업가이고 악마는 최대의 예술가이다.

아리시마 다게로 <일본 작가>

*

이 세상에서 가장 아름다운 것은 가장 무용지물한 공

작과 들판의 백합이다.

　　　　　　　　　러스킨 <영국 비평가>

*

마음에 착함이 없는 아름다움은 김빠진 술과 같은 것이다.

　　　　　　　　　　　<불란서 속담>

*

우아함이 없는 아름다움은 향기 없는 장미를 닮고 있는 것이다.

　　　　　　　　　　　<쟈마이카 속담>

*

아름다움은 안락하고 즐거운 모양을 하고 있다.

　　　　　　꼭토 <프란스 시인·작가>

*

미는 예술이라 하더라도 수치심 없이는 생각할 수 없다.

　　　　호프만스탈 <오스트리아 시인·극작가>

*

지나치게 긴 시는 짧은 시를 못쓰는 사람들이 고안한 것이다.　지나치게 긴 시는 한 편의 시가 아니다.

　　　　　　　　보드렐 <불란서 시인>

*

여성은 말을 발견했고 남성은 문법을 발견했다.

　　　　죠지·스류에트 <미국 영문학자>

어떤 사람의 지식이든 그 사람의 경험을 초월하는 것은 없다.

로크 <영국 철학자>

*

말은 모든 관념을 멈추게 하는 못이다.

비쳐 <영국 연대기 작가>

*

시는 노여움과 굶주림과 낙담을 길동무로 삼고 있다.

모레이 <미국 작가>

*

말이 시가 되기 위해서는 영혼의 한숨으로 뜨거워지거나 영혼의 허덕임으로 습기를 띠고 있는 것이 필요하다.

쥬벨 <불란서 인생비평가>

*

말은 날개가 있으나 생각한 곳으로 날지 않는다.

에리얼 <영국 작가>

*

소설이란 한길을 이리 저리 방황하며 걸어가는 하나의 거울이다.

스탕달 <불란서 작가>

*

외국어를 모르는 자는 자국어에 대해서도 무지이다.

괴테 <독일 시인>

문학은 인간이 타락한 정도만큼 타락한다.

괴테 <독일 시인>

*

셰익스피어 같은 인물은 결코 셰익스피어의 연구에서는 태어나지 않을 것이다.

에머슨 <미국 평론가・시인>

*

나체는 보편적으로 아름다울 때 순결하다고 말해지고 있다. 그러나 나체는 순결할 때 아름답다고 하는 편이 좋다.

알란 <불란서 철학자・비평가>

*

꽃은 갓난애라도 이해할 수 있는 언어이다.

비숍・콕스 <영국 선교사>

*

청색은 진실, 적색은 질투, 녹색은 체념, 백색은 사랑, 흑색은 죽음이다.

<서양 속담>

*

예술은 빵이 아닌 것만은 확실하다. 그러나 생명의 포도주이다.

잔・파울 <독일 작가>

*

예술이란 자연이 이간에게서 투명한 것이다. 가장 중요한 것은 거울을 닦는 일이다.

로댕 <불란서 조각가>

＊

시인은 여자와 같은 것이다. 여자는 분만을 할 때는 이제 두 번 다시 사내 곁에서 자지 않겠다고 상상한다. 그런데 어느새 또 애를 배고 한다.

괴테 <독일 시인>

＊

뱀도 못생긴 괴물도 예술로써 그려지면 사람의 눈을 즐기게 할 수 있는 것이다.

보아로 <불란서 시인·비평가>

＊

시라고 하는 것은 땅에서 서식하면서 공중을 날고 싶어하며 물에서 서식하는 동물의 일기이다.

칼·쎈도버그 <미국 시인·작가>

＊

인간 가운데서 위대한 자를 들자면 시인 사제 군인밖에 없다. 노래하는 자와 축복 받는 자와 스스로를 희생하는 자로서.

보드렐 <불란서 시인>

＊

예술가는 올드미스와 같다. 사람들이 찬미해 주지 않으면 메말라 시들어 축 늘어져 버린다. 보잘 것 없는 사소한 공치사의 물을 뿌려주면 다시 생기가 돌아온다.

몬테르랑 <불란서 작가>

시인은 세계에 알려지지 않은 입법자이다.
디즈렐리 <영국 정치가>

*

요즘 시인들은 잉크에 물을 많이 섞고 있다.
괴테 <독일 시인>

*

예술은 보호함이 마땅하다. 그러나 예술가는 그럴 수 없다. 그들은 너나 할 것 없이 게으름쟁이고 풍류객이다.
에밀·오제 <불란서 희극작가>

*

저속한 예술가들은 항상 남의 안경을 쓴다.
로댕 <불란서 조각가>

*

만약에 작가가 사람을 사랑치 않는다면 사람들은 어찌 그의 작품을 애독하겠는가.
델·카네기 <미국 저널리스트>

*

재중(在中)은 글을 쓰지 않는 비평가이다.
뷜텔 <불란서 사상가>

*

비평가란 문학이나 예술의 면에서 실패한 사람들이다.
디즈렐리 <영국 정치가>

*

비평가, 몹시 더럽고 작은 강아지도 치명상을 입힐 수

있다. 즉 미친개이기만 하면 된다.
봐레리 <불란서 시인·평론가>
*

비평가는 작가를 모욕한다. 사람들은 그것을 비평이라고 한다. 작가는 비평가를 모욕한다. 그것은 모욕이라고 한다.
몬테르랑 <불란서 작가>
*

배우는 시대를 축소한 그림이다. 손쉽게 볼 수 있는 연대기이다.
셰익스피어 <영국 극작가>
*

명 관람객이 되기 위해서는 명배우가 될 만큼의 시간이 걸린다.
알란 <불란서 철학자·비평가>
*

음악은 천사들이 이야기를 주고받는 것이다.
카라일 <영국 비평가>
*

지옥은 소인음악가의 모임이다.
쇼 <영국 극작가>
*

음악이란, 말을 찾고 있는 사랑이다.
시드니·라니에 <미국 시인>

음악만은 세계어이므로 번역할 필요가 없다. 그것은 영혼이 영혼에게 이야기하는 것이다.
아웰밧하 <독일 작가>

*

예술을 속성시키기 위한 인내와 노력은 아마도 그 뒤 그것을 썩히지 않으려는 인내와 노력에 비하면 아무것도 아니다.
지드 <불란서 작가>

*

독창은 어떤 경우에 있어서도 부정확의 구실로 쓰여져서는 아니된다.
위고 <불란서 작가>

*

인스피레이션이란 2, 3년 소금에 저려 놓기만 하면 되는 청어자반 같은 것이 아니다.
괴테 <독일 시인>

*

미는 온갖 곳에 있다. 결코 그것이 우리 눈앞에 없는 것이 아니라 우리들의 눈이 그것을 인정 못 할 뿐인 것이다.
로댕 <불란서 조각가>

*

건축은 얼어버린 음악이다.
스탈 <불란서 여류문학자>

청중은 아무것도 이해 못하고 연사도 마찬가지로 이해하지 못하고 있다. 이것이 형이상학이다.

뵐텔 <불란서 시인·역사가>

*

과학은 열광이나 미신의 독물에 대한 훌륭한 해독제이다.

아담·스미스 <영국 경제학자>

*

이 세상에서 배울 수 있는 지식 중에서 천국까지 우리들과 동반하리라 여겨지는 것은 오직 수학뿐이다.

오스본 <영국 정치가>

*

새로운 책이 출판되거든 낡은 책을 읽어라.

싸미엘·로져스 <영국 시인>

*

책은 갓난아기와 똑같이 태어나는데 시간이 걸린다. 몇 주 사이에 재빨리 써낸 책은 저자를 의심케 한다. 존경받을 만한 여성은 아홉 달이 지나기 전에는 결코 애기를 낳지 않으리라.

하이네 <독일 시인>

*

오래된 고목은 땔 것이요 묵은 술은 마실 것이며 오래된 옛 벗은 믿을 것이며 오래된 고서는 읽을 것이니라.

베이컨 <영국 철학자>

신간서적이 매우 형편이 좋지 않는 것은 우리들의 오래된 서적을 읽는 것을 방해하기 때문이다.
쥬벨 <불란서 사상가>

*

악서를 읽지 않는 것은 양서를 읽기 위한 조건이다.
쇼펜하웰 <독일 철학자>

*

맨 먼저 제일 가는 책을 읽어라, 그렇지 않으면 그것을 읽을 기회는 영영 못 갖게 될 지도 모른다.
쏘로 <미국 사상가>

*

우리들은 「그것은 읽었어!」하기 위해서 읽는 것이다.
램 <영국 수필가>

*

둘 이는 낮이나 밤이나 성경책을 읽었다. 그런데 내가 희다고 읽는 곳을 당신은 검다고 읽었다.
프레크 <영국 시인>

*

책은 그 저자의 어깨너머로 봐야 한다.
봐레리 <불란서 시인·평론가>

*

연애라는 것을 졸업한 뒤로는 서적수집이 가장 기분 상쾌한 운동이다.
로젠밧하 <독일 작가>

사람은 한 권의 책을 만들기 위해서 도서관 절반을 뒤집어 놓는다.

샤뮤엘 · 존슨 <영국 문학자>

*

좋은 책을 잃을 때 나는 삼 천 년쯤 살 수 있었으면 하고 생각한다.

에머슨 <미국 시인>

3 교육 · 학문

많은 선량한 학생은 부모를 위해서 또한 미래의 아내를 위해서 공부하고 있다.

임어당 <중국 문학가>

*

어떤 부류의 사람들은 책의 가치를 그 두께에 대해서 평가한다.

그라시앙 <스페인 작가>

*

최초의 교육의 목적은 특히「배우는 법을 배우는 것」이리라. 나머지 생애는 응용하면서도 배우는 것으로 지내야 할 것이다.

모로아 <불란서 작가>

시험에 있어서는 별로 알고 싶지도 않은 자가 대답할 수 없는 자에게 질문한다.

써·월터·로리 <영국 군인>

*

진리에는 시효가 있을 수 없다. 잘못은 오래 됐어도 그만큼 좋아질 턱이 없다.

피엘·벨 <불란서 문학자>

*

진리는 자기를 필요로 하지도 않는 남자의 목에 매달리는 실없는 여자가 아니다.

쇼펜하웰 <독일 철학자>

*

인내심을 가져야 한다고 생각한다면 교육자로서는 낙제다. 애정과 즐거움을 가져야 한다.

페스탈로치 <스위스 교육자>

*

학문이 있는 바보는 무지한 바보 보다 더 바보다.

몰리에르 <불란서 작가>

*

베스트셀러란 범용스런 재능에 도금한 묘지이다.

로건·스미스 <영국 학자>

*

행위가 따르지 않는 지식은 꿀 없는 꿀벌과 같은 것이다.

헬더 <독일 사상가>

학문은 페스트이고 지식은 병균이다. 지식은 사람을 불행하게 한다.

구리보에도프 <러시아 극작가>

*

사람들은 학문보다도 미신에 있어서 때때로 진리에 더 가깝게 다가선다.

쏘로 <미국 작가>

*

신앙은 비참한 사람의 위로이고, 행복한 사람들의 공포의 적이다.

붜붜날그 <불란서 도덕가>

4 종교 · 악마

종교학에서 가장 근본적인 문제는 중추적 본질에 관한 것이다. 우주와 세계에 관한 것이고 세계 속의 인간이다.

신학 우주론 인간론의 셋이 모든 종교적 사유의 중심이 된다.

자오침비하 <독일 종교학자>

*

가뭄이 들어서 들에 기우제 갈 때 돌아올 때 비에 젖지 않게 우산을 준비해서 간다. 이것이 신앙이라는 것이다.

체홉 <러시아 작가>

*

악은 필요하다. 만약 악이 존재하지 않는다면 선도 존재하지 않을 것이다. 악이야말로 선의 유일한 존재 이유다.

불란서 <불란서 작가>

*

교육은 학교에서 배운 것을 모두 잊은 뒤에 남는 것이다.

아인슈타인 <독일 물리학자>

*

주님의 기도는 하나의 흐르는 냇물이다. 작은 새끼양도 걸어서 건너지만 덩치 큰 코끼리도 또한 헤엄칠 수가 있다.

<독일 속담>

*

신이 남자가 되었을 때 악마는 그에 앞서 이미 여자가 되어 있었다.

<스페인 속담>

*

종교는 큰 강을 닮았다. 즉 원천에서 멀어짐에 따라서 끊임없이 오염되고 있다.

앙드레·프레붜 <불란서 평론가>

영(靈)이 늘은 못 있더라도 어느 순간에 오는걸 우리는 경험한다. 헌데 예수가 우리에게 보여준 것은 잘하면 어느 순간만이 아니라 그 영속에 영원히 살 수 있다. 그러니까 그 사람은 죽어도 죽지 않는다.
함석헌 <한국 종교인·사상가>

*

마음속에 선을 가지고 있지 않은 악인이 없고, 마음속에 악을 가지고 있지 않은 선인도 없다.
에디슨 <영국 시인>

*

신앙과 지식은 한 저울에 달린 두 개의 접시이다. 한쪽이 올라가면 다른 쪽이 내려간다.
쇼팬하웰 <독일 철학자>

*

종교는 대자연 그 자체와 같이 위대하다. 그러므로 가장 우수한 고승도 종교의 작은 조각을 소유함에 불과하다.
슈레겔 <독일 비평가>

*

종교란 한 사회의 궁극적 관심이 지향된 신념과 실천의 체계이다.
티에리 <불란서·종교학자>

*

석가를 인도사람이라 하지 않고 공자를 중국사람이라고 하지 않고 예수를 이스라엘 사람이라고 하지 않는다.

그냥 석가 공자 예수라 부른다. 영원히 사는 사람들이기 때문이다.

백난준 <한국 교육자>

*

성경은 교회보다 오래됐다.

<스웨덴 속담>

*

종교가 다른 문화적 활동으로부터 확연하게 구별되는 가장 특질적인 것은 인생의 궁극적 의미와 생의 여러 가지 문제에 궁극적 해결이기 때문이다.

가시모도 <일본 종교학자>

*

밤이 되면 무신론자도 반쯤 신을 믿게끔 된다.

에드워드·영 <영국 목사>

*

오호, 신은 사람에게 공기를 주시었고, 법률은 사람에게 그것을 팔아 먹는다.

위고 <불란서 작가>

*

신이 교회를 세우시면 마귀가 곁에 예배당을 세운다.

<독일 속담>

*

교회는 타조의 밥통을 갖고 있다. 아무리 굳고 단단한 것도 소화할 수 있다.

<독일 속담>

신이 고쳐주고 의사가 치료비를 받는다.
<독일 속담>

*

만물의 조물주도 잘못을 저질렀다. 그것도 두 번 씩이나 잘못 했다. 한번은 돈을 만들었고 두 번째는 여자를 만들었다.
<인도 속담>

*

악마는 하느님보다 많은 순교자를 갖고 있다.
<독일 속담>

*

어떤 지옥도 영원히 계속되는 것은 아니다.
잔파울 <독일 작가>

*

천국으로 가는 길은 눈물의 십자가 곁을 지나서 간다.
<영국 속담>

*

이기주의는 유일하게 진정한 무신론이며 대망과 이타주의는 유일하게 진정한 종교다.
장월 <영국 작가>

*

천국의 안락은 행복스러운 것이고 지옥의 고통도 행복스러운 것이다.
다니엘·잔델스 <독일 언어학자>

5 동 물

싸우기 좋아하는 개는 절룩거리며 돌아온다.
<스콧틀란드 속담>
*
짖는 개를 두려워 말고 짖지 않는 개를 두려워하라.
<터키 속담>
*
아아! 개까지도 음악적인 가락으로 짖게 하는 것은 연애로다.
존·프렛처 <영국 시인>
*
겁이 많은 개는 물지 않고 심하게 짖어 대는 법이다.
루푸스 <로마 역사가>
*
낯선 개에게 빵을 주면 얼마 안가서 당신 집 개가 당신을 해롭게 굴 것이다.
<불가리아 속담>
*
개에게는 신발 짝도 땅에 떨어진 한 조각 음식이다.
<반투족 속담>
*
굶주린 개는 고기밖에 믿지 않는다.
체홉 <러시아 작가>

상관은 모두 부하에게 명령하고 부하는 고양이에게 명령하고 고양이는 자기 꼬리에게 명령한다.
<스페인 속담>

*

일하는 개는 일을 싫어하는 사자보다 낫다.
<중국 속담>

*

인간은 그 자신 속에 온갖 종류의 동물을 구현하고 있다. 쥐를 희롱하는 고양이를, 우리 속에 숨어 들어가서 닭의 목을 비트는 족제비를, 사람을 흉내내는 원숭이를, 뼈를 던져주는 이라면 아무에게나 꼬리를 흔드는 개를, 파리를 홀려 그물로 유혹해서는 그를 잡아먹는 거미를, 기타 등등……
멘델 <오스트리아 유전학자>

*

자기 당나귀는 남의 아랍말보다도 빠른 것이다.
<유고 속담>

*

한 점도 나무랄 데가 없는 말을 얻고 싶은 자는 말없이 지내거라!
<포르투갈 속담>

*

인간이 당나귀에게 채였더라도 인간은 당나귀를 고소하거나 하지는 않으리라.
소크라테스 <그리스 철학자>

나를 태워주는 당나귀는 나를 뒷발로 차는 다른 말보다 더 가치가 있다.

<몽고 속담>

*

여우는 덫을 나무라지 제 자신을 나무라지는 않는다.

위. 브레이크 <영국 시인>

*

어떤 여우이든 제 꼬리를 칭찬한다.

<몽고 속담>

*

늑대무리 속에 들어가지 않으려는 자는 늑대새끼를 잡기 어렵다.

<몽고 속담>

*

추종자는 일견 친구와 같다. 이를테면 늑대가 개를 닮은 것과 같이.

챠프만 <영국 시인>

*

쥐틀로써 코끼리를 죽일 수 없다.

<가봉 속담>

*

이 세상에 인간만큼 끔찍한 동물이 또 있으랴. 늑대는 서로 잡아먹지는 않는다. 인간은 인간을 산채로 통째로 삼켜 버린다.

갈신 <러시아 작가>

당나귀는 조상을 자랑도 않고 후손에게 희망도 걸지 않는다.

잉가솔 <미국 법률가>

*

양이 몇 마리 있는가 하는 것은 늑대에게는 문제가 안된다.

벨기류스. <로마 시인>

*

오늘 계란 한 개 갖기보다는 내일 암탉을 한 마리 갖는 편이 났다.

토머스 · 프러 <영국 성직자>

*

암탉이 때를 알리려고 울고, 수탉이 잠잠히 있다. 그런 집안은 대수럽지 못하다.

어스만 · 아브샷드 <독일 시인>

*

닭은 아무리 교활해도 언젠가는 냄비 속에 들어간다.

<앙고라 속담>

*

아무리 황소를 때려보았자 우유를 얻지는 못한다.

<러시아 속담>

*

소는 뿔을 붙잡고, 사람은 대화로 붙잡아라.

<스페인 속담>

이웃 밭의 곡식은 더 잘 보이고 이웃 암소는 더 많은 젖을 짜내는 것처럼 보이는 법이다.
오뷔디우스 <로마 시인>
*
뱀은 다른 뱀을 삼키지 않으면 용이 될 수 없다.
베이컨 <영국 철학자>
*
돈이 있는 사람은 용, 돈이 없는 사랑은 버러지.
<중국 속담>
*
한꺼번에 많은 토끼를 좇는 자는 한 마리도 잡지 못한다.
<그리스 속담>
*
물고기와 손님은 사흘째가 되면 냄새가 난다.
<영국 속담>
*
나일강에 던져도 저 친구는 입에 물고기를 몰고 올라온다.
<이집트 속담>
*
잡았다가 놓친 고기는 언제나 크다.
<중국 속담>
*
지난 해 둥지 속에 올해의 새를 찾아서는 안 된다.

세르반테스 <스페인 작가>

*

옥수수 밭이 집에서 멀면 새들이 옥수수를 먹는다.
<피그미족 속담>

*

타인의 아내는 백조와 같고 제 아내는 맛이 변한 술과 같다.

톨스토이 <러시아 철학자>

*

몸에 밴 결점은 파리와 같다. 몇 차례 쫓아도 되돌아 와서는 더 심하게 괴롭힌다.

세붜 <독일 시인>

*

까마귀에게서는 절대로 비둘기가 생겨나지 않는다.
<불가리아 속담>

*

누구나 자기 거위는 백조라고 여긴다.
<영국 속담>

*

흰 까마귀만큼 좋은 계모도 있다.
<유고 속담>

*

거북이 고기가 여러 가지 고기 맛을 갖고 있는 것과 같이 결혼도 또한 여러 가지 다른 맛을 갖고 있다. 그리고 거북이 걸음이 느린 동물인 것과 같이 결혼도 또

한 걸음이 느린 것이다.
                          키에르케골 <덴마크 사상가>
                    *
친절은 뱀까지도 땅위로 유인해 낸다.
                              <터키 속담>
                    *
뱀에게 한번 물리면 걸레 끈보고도 놀란다.
                            <로데시아 속담>
                    *
입에 꿀을 가진 벌은 엉덩이에 침을 갖고 있다.
                         릴리 <영국 극작가>
                    *
나이든 벌은 이젠 꿀을 주지 않는다.
                              <영국 속담>
                    *
개미만큼 썩 잘 설교하는 자는 없다. 그러나 개미는 한 마디도 지껄이지는 않는다.
                       프랑클린 <미국 정치가>
                    *
한 마리의 파리가 전투마차에 붙어서 말했다. 「내가 어쩌자고 이렇게 대단한 먼지를 뿜어내고 있는 거냐」
                     라·폰데느 <불란서 작가>
                    *
적이 개미 크기밖에 안 되어도 코끼리라고 여겨라.
                            <덴마크 속담>

동물 231

거짓말은 파리나 모기처럼 어수선하고 시끄럽다. 그러나 진실은 태양처럼 아름답게 빛난다.

<미상>

*

스스로를 잘 알려고 노력하는 송충이는 언제까지 있어도 나비는 되지 못하리라.

지드 <불란서 작가>

*

젊은이는 공작새, 약혼하면 사자, 결혼하면 당나귀.

<스페인 속담>

*

고독한 사람은 야수거나 천사이다.

<서양 속담>

*

비둘기가 까마귀와 어울려 놀면, 깃털은 그대로 하얗지만 마음속은 검게 된다.

<독일 속담>

*

곰과 우정을 나누어라. 그러나 언제든지 곁에 손도끼를 준비해 두라!

<러시아 속담>

*

어린애와 동물은 닮은 데가 많다. 모두 자연에 가깝다. 그렇지만 어린이는 교활한 원숭이보다도 썩 잘 이해하는 게 한가지 있다. 그것은 위인들의 훌륭한 행실이다.

에이·불란서 <불란서 작가>

*

물고기를 잘 잡는 사람과 단지 물만을 흐리게 할뿐인 두 종류의 사람이 있다.

<중국 속담>

*

충실한 벗은 셋. 노파, 늙은 개, 그리고 현금.

<미국 속담>

6 천 문

진리는 태양광선과 같은 것으로써 아무리 외계와 접촉하였다해도 그로 인해서 오염되는 일은 있을 수 없다.

밀턴 <영국 시인>

*

추위에 떨었던 자만이 태양의 따스함을 느낀다. 인생의 괴로움을 겪은 자만이 생명의 존귀함을 안다.

호잇트먼 <미국 시인>

*

비가 내리는 한편 햇살이 비치고 있을 때는, 악마가 여편네를 쥐어박고 있는 것이다.

<불란서 속담>

온 누리가 빛 속에 멱을 감고 있거나 태양이 내리 쬐고 있을 때면 나는 사랑하거나 끌어안고 싶어진다. 빛 속으로 뒤섞이듯이 육체에 뒤섞여 들어가서는 태양과 어울려 멱감고 싶어지는 것이다.

까뮈 <불란서 작가>

*

나쁜 아들놈은 말라버린 높은 나무와 같다. 좋은 며느리는 출입문에서 웃음 짓는 태양을 닮았다.

<몽고 속담>

*

달이 변하듯이 여자의 생각도 변한다.

<불란서 속담>

*

두 명의 인간이 성안에서 쳐다보고 있다. ─ 한 사람은 진흙땅을, 한 사람은 하늘의 별을.

퓨레드릭·랭그부릿지 <미국 작가>

*

인기는 그날의 바람과 함께 변한다.

죤·브라이트 <영국 정치가>

*

종교는 불멸의 별이다. 지상의 밤이 어두움을 더함에 따라서 천상에서 더욱 더욱 그 광휘를 더해 간다.

카라일 <영국 평론가>

*

슬퍼하는 마음이여 마음을 가라앉히고 후회함을 멈추

라. 저 구름 뒤에는 태양이 비치고 있느니라.
롱펠로우 <미국 시인>

*

　이곳에는 밤과 낮이 있다오. 어느 것이나 감미로운 것이오. 형제들이여 해와 달과 별은 모두가 감미로운 것이라오. 형제들이여 이곳에는 황무지를 건너 지나가는 바람과 같은 것도 있다오. 인생은, 참으로 감미로운 것이라오. 형제들이여 죽으려고 하는 것은 참으로 어리석은 것이라오.
볼로 <영국 시인>

*

　하늘의 아름다움은 별에 있고, 여자의 아름다움은 모발에 있다.
<이태리 속담>

*

　사람의 마음과 바다 속은 헤아리기 어렵다.
<이스라엘 속담>

*

　정열은 강물과 바다를 닮았다. 얕으면 중얼거리고 깊으면 잠잠하다.
월터·로리 <영국 군인>

*

　진리는 의심에서 비롯된다. 밤이 빛 바로 옆에 있었던 것처럼.
세련벨그 <독일 시인>

하늘은 높고 황제는 멀다.
<러시아 속담>

*

썰물은 썰물과 이어지지 않는다. 그 사이에는 반드시 밀물이 있다.
<수단 속담>

*

아무 것도 창조 않는 학자는 비를 베풀지 않는 비구름과 같다.
<동양 속담>

*

하늘에서 내리는 비와 재혼하려는 여자는 어느 누구도 말릴 수가 없다.
<중국 속담>

*

아침은 그 전날 밤보다 현명하다.
<러시아 속담>

*

당신이 봄바람이 되어서 나를 만나러 오신다면, 나는 여름비가 되어서 당신에게 가렵니다.
<중국 속담>

*

봄
사랑하는 이여 이리 와요 조그만 언덕으로 함께 갑시다. 눈이 녹아 생명이 잠을 깨고 있으니 우리 저 언덕과 골짜기를 따라 거닐어 봅시다.

여름
내 사랑이여 몸을 일으켜 들판으로 갑시다. 성숙의 계절이 왔습니다. 이제 거두어들일 시간이 가까이 오고 있습니다.

가을
포도원으로 갑시다. 내 사랑이여 영혼이 연료의 지혜를 쌓아올리듯 싱그러운 포도주를 빚도록 합시다. 과일을 거두어들이고 꽃향기를 모읍시다.

겨울
내 영혼이여 차가운 입김이 우리를 갈라놓지 않도록 가까이 와요.
붉은 겨울의 열매이니 우리 난로 가에 앉아 지난 세월을 이야기합시다.

칼릴·지브란 <시리아 시인>

제9장 임종(臨終)의 말

1 유언(遺言)

제9장 임종(臨終)의 말

(임종하기직전 아들에게)
 인생은 험난한 길이다.   죄를 짓지 않도록 해라. 불을 꺼라. 나는 잠자고 싶다.

호메이옹 <이란 회교 통치자>

*

(부처님께서 제자들에게 하신 마지막 말씀)
 제자들이여, 너희들에게 말해 둔다.   생존을 구성하는 모든 힘의 본성은 무상이다.   언제나 부지런히 노력하여라.
 오오, 나를 사랑 해 준 모든 사람들이여, 아무쪼록 언제나 다음 말들을 상기해주길 바란다.   모든 살아있는 것은 반드시 살아지다는 것을.   그리고 해탈하기 위해서 부지런히 노력해 주길 바란다.

석가모니 <불교의 개조>

*

(크로트나 주민들에게 쫓기면서)
 차라리 여기서 죽자.   이 가엾은 누에 콩을 짓밟기보다는.

피타고라스 <그리스 수학자>

(장군들은 왕더러 이 제국을 누구한테 물려줄 것인지를 물었다. 그때 다음과 같이 대답했다.)

가장 그것에 값가는 자에게.

알렉산더 대왕 <마케도니아 왕>

*

(독잔을 손에 잡으면서)

크립톤! 우리는 애스클레피오스(미술의 신)에게 닭 한 마리 빚진 게 있었지! 자네들이 내 대신 빚을 갚아주게! 잊지 말고!

소크라테스 <그리스 철학자>

*

이젠 슬슬 로마인들을 공포와 근심걱정에서 해방시켜 줄까. 그들은 저네들이 미워하는 늙은이의 죽음을 기다린지 너무 오래되어 지쳐버렸다고 여기리라. 그러나 결코 티토스는 선망에 값나갈 승리도 조상과 맞먹는 만큼의 승리도 얻지 못하게 하리라. 옛 로마인은 저네들과 싸워 승리했던 풀로스에게 남몰래 밀사를 보내어 독약을 드리려는 자가 있음을 경고한 적이 있었다.

한니발 <칼타고 장군>

*

(임종시에 친구들은 그가 이미 의식을 잃고 있는 것으로 여겨, 그의 힘과 승리에 대해서 얘기를 하고 있었다. 그는 그것을 듣고 있다가 다음같이 말했다.)

내가 해냈던 일이라고 말하면서 운명이 도왔느니 다른 수많은 장군에게 일어났던 것만을 칭찬하고 진작 내가 해낸 가장 훌륭한 가장 중대한 것을 자네들이 입밖에 내지 않고 있는 것은 참 이상하기 짝이 없다. 즉 어떤 아테네인도 나의 실패로 인해 상을 당해 검은 상복을 입은 적이 이때껏 없었다는 점이다.

페리크레스 <그리스 정치가>

*

(자신도 모르는 사이에 뱀한테 물리기를 바랐는데 무화과 잎 사이에 그녀가 평했던 뱀이 숨겨진 것을 발견하고)

어머, 너는 여기 있었느냐?

클레오파트라 <이집트 여왕>

*

(그리스의 에우리포스 해협에서)

에우리포스여 나를 삼켜 버려다오. 나는 그대를 이해할 수가 없으니까.

아리스토텔레스 <그리스 철학자>

*

(수주 변영노는 임종을 하고자 제동 집을 찾아가서 방안에 들어서자 몽롱해져 있던 월남은 찾아온 사람을 분별할 기력조차 없으면서도 이 그림자가 필시 평생동안 사무쳤던 증오와 원한은 표적인 왜놈으로 알고 갑자기 기운을 차려 대갈일성)

이놈의 자식……. 너, 나 뒈졌나 안 뒈졌나 보러왔지!

(말을 마치고 까무러치더니 끝내 영면하셨다.)

월남 이상재 <한국 애국지사>

*

(그를 찌른 암살자 무리 중에 부르터스의 모습을 알아보고는 그리스말로 부르짖었다.)

242 유언

내 아들아. 너도냐 !
####### 줄리어스 시저 <로마 황제>
*

(계속된 가뭄으로 왕위마저 셋째 왕자(세종)에게 물려주고 병상에서 마지막 남긴 말)

해마다 내가 죽는 날만은 반드시 비를 내리게 하리라…….
####### 태종 <한국 조선와도임금>
*

나의 신이여 나의 신이며 어찌하여 나를 버리시나이까(마태 복음·마르코 복음)

아버지시여 나의 영혼을 그대의 손에 맡깁니다. (누가 복음)

모든 것이 끝났도다.(요한 복음)
####### 예수·크리스토 <기독교의 구세주>
*

(적 앞에 굴복하지 않을 수 없게된 고통 때문에 죽었다.)

싸움에 패한 왕에게 수치(치욕)있어라!
####### 헨리 2세 <영국 왕>
*

(최후의 도움말씀을 꼭 해달라 간청하는 주인집 아들에게 답하기를)

제 힘이 부치는 물음이십니다. 당신의 힘과 정신을 나라와 나라의 군주에게 바치십시오. 그리고 운명이 신비스런 저울은 신에게 맡겨 버리십시오. 반역자가

멘 것이 아닌 한 어떤 깃발이건 용기를 일깨워 줍니다.
단테 <이태리 시인>

*

신이여, 죽음과 싸울 때는 나와 더불어 함께 계시도록.

오오, 알라신이여! 천국에서 빛나게 사는 사람들 사이에 - 바로 그같이 되어있기를!
마호멧 <이슬람교의 개조>

*

(화형대 위에서 그녀는 여러 차례 부르짖었다.)
예수여!
잔·다르크 <불란서 순교자>

*

(불탄 십자가를 만나서)
살아 계신 신의 독생자 예수·크리스도여, 나를 불쌍히 여기소서!
얀·푸스 <체코 종교개혁가>

*

막을 내려라. 속이 들여다 보이는 연극은 이제 끝났도다.
프랑소와·라브레 <불란서 작가>

*

(죽기 8일전 제네바의 설교사가 줄지어 있는 만찬회 넓은 방에 자기 몸을 옮기게 하고는)
형제여, 이것이 마지막이라고 생각되어 만나러 왔습니

다. 이때를 놓치면 이제는 식탁에서 마주하는 일도 없으니까요.

두 개의 방을 가로막은 벽도 내가 당신네들과 마음으로 맺고 있는 것을 막지는 못할 것입니다.

진·칼뵨 <종교 개혁가>

*

영혼은 신의 손에 육체는 땅에 재산은 근친 자에게 맡긴다. 생애를 마칠 때는 예수님의 고뇌를 되새겨 그려보도록 자네들에게 말해 둔다.

미켈란젤로·버나롯티 <이태리 화가·조각가>

*

학식도 없고 인덕도 없는 내가 외롭다는 인생을 그래도 외롭잖게 살다가 죽게 되는 것은 모두 다 나를 사랑해준 지인들의 덕이라.

마해송 <한국 작가>

*

(박사 요너스가「신부여, 예수·크리스토에게 매달려 언제나 가르쳐 오신 교리를 입에 담으시면서 죽어가고 싶습니까」하고 물으니까) 그렇소.

마르틴·루터 <독일 종교개혁가>

*

신이여 제발 나를 내버려두지 말아 주십시오!

부레즈·파스칼 <불란서 철학자·수학자>

오늘이 나의 생애에서 유일하게 행복한 날입니다.

마리·테레즈·더트릿슈 <불란서 왕비>

*

(벗과 최후의 포옹을 하고)
당신보다 먼저 죽는다는 것은 나에겐 더 없는 행운입니다.

잔·라시느 <불란서 비극시인>

*

아아! 슈류텔(종복 이름) 이번에야말로 이 세상을 떠나가야 겠다.

자, 나의 영혼이여, 자네는 오랫동안 갇혀서 있었다. 지금이야말로 감옥을 나가서 이 육체의 번거로움을 벗어나지 않으면 안된다. 기꺼이 용감하게 이 운명에 견디어 내지 않으면 안된다.

데카르트 <불란서 철학자·수학자>

*

(만턴 부인에게)
짐은 죽는다는 것이 이보다 더 어려운 것일 거라고 생각하고 있었다. 이런 것이라면 별로 대단치 않도다. 그것은 짐이 보증하겠다. 죽는 것은 조금도 어려운 것이 아니로다.

어찌하여 이리도 울고 불고들 하는고? 짐이 불사신이라도 되는 줄 알았더냐?

루이 14세 <불란서 왕>

(죽기 전 날밤, 성 슐피스회의 주교가 「당신도 이제는 차츰 마지막 때가 닥치고 있습니다. 당신은, 예수·크리스토의 신의 성품을 인정하십니까?」하고 묻자)

 제발 예수·크리스토, 예수·크리스토하지 마시고, 조용히 죽게 해주시오.

 (그리고는, 주교와 고티신부가 물러가는 것을 가리키면서 돌봐주는 간호부를 향해서)

 나는 죽었단다.

 (이튿날, 드디어 최후를 맞이했을 때 비서인 몰란에게 이르기를)

 몰란, 안녕, 나는 지금 간다. 마망(질녀인 더니부인)을 잘 돌봐 주게…….

　　　　　　　　　　뷜텔 <불란서 사상가>

*

 (그의 딸이 침대 위의 위치를 바꾸시면 「호흡이 좀 편해 질 것입니다」고 하니까 답하기를)

 죽어가고 있는 자는 무엇을 하는데도 몹시 힘드는 법이란다.

　　　　　　벤쟈민·프랑크린 <미국 학자·정치가>

*

 (그의 미완성 「레뀌엠」을 듣고 싶다고 청했다.)

 이 곡은 나를 위해 썼단다. 언제나 그렇게 말해 두었지 않나?

　　　　　　　　　모차르트 <오스트리아 작곡가>

*

 (비서에게)

유언 247

나는 전적으로 천명을 편하게 직시하는 바이다.

이제 슬슬 가야겠다. 헌데 매장은 정중하게 치러 주길 바란다. 사후 3일도 되기 전에 지하매장소로 시신을 넣는다든지 하는 것은 하지 말도록 - 알겠나.

그리하겠노라 는 확답을 들은 뒤)

그러면 좋다.

죠지·워신톤 <미국 초대 대통령>

*

모든것이 좋소

임마누엘·칸트 <독일 철학자>

*

(아내인 테레즈에게)

너무 낙심하지 말도록 하시오, 보세요. 하늘이 어쩌면 저리도 곱고 맑습니까. 나는 이제 그곳으로 가는 겁니다.

쟌·쟉크·루소 <불란서 사상가>

*

신이여! 프랑소와를 구해주소서!

죠셉·하이든 <오스트리아 작곡가>

*

이것이 내가 출현하는 마지막 장면이군요. 그에 알맞은 연기를 해야지.

미쓰·토쿨 <미국 여배우>

*

(한 친구에게)

세봔…… 내 몸을 좀 일으켜주게. 나는…… 죽으니까, 나는 문제없이 죽는다. 놀라거나하지 말아 줘! 고마워! 죽음이 닥쳐왔다.

존·키쯔 <영국 시인>

*

이젠 조금씩 신에 대해서 생각할 때가 온 것 같다.

호프만 <독일 소설가>

*

나의 시간이 되었다. 죽는 것 따위는 아무렇지도 않아…… 하지만, 이 세상에 사랑하는 것을 남겨두고 떠나는 것은 이렇게 미련이 남는 것인가! …… 자 그러면 잠이나 들기로 하자……

바이런 <영국 시인>

*

(7월4일 독립기념일에 작고함)
위대한 날이다. 멋진 날이다.

존·아담스 <미국 대통령>

*

전능하신 신이여! 수풀 속에서 나는 행복하오. 한 그루 한 그루의 나무는 당신에 의해서 말을 걸어온다. 수풀 속에서 나는 행복해. 신, 이 얼마나 멋있고 훌륭한가!

베토벤 <독일 작곡가>

*

불란서, 군대, 죠세핀(그의 아내)

나폴레옹 1세 <불란서 황제>
　　　　　　　＊
나의 영혼은 신에게, 내 딸은, 조국에게 맡기노라.
　　　　　토마스·제퍼슨 <미국 대통령>
　　　　　　　＊
여보시오 당신(아내에게), 이것은 내가 쓴 것이 아니야. 그렇지 내 것이 아니야.
　　　　　윌리암·브레크 <영국 시인>
　　　　　　　＊
저런 흙의 한 쪽 구석이 아니라, 방안에 저를 남겨 주시기를 제발 부탁합니다. 제가 지상에 자리를 얻는 것은 당연하지 않습니까?
(너는 확실히 방안에 있는 것이라고 형이 말해주자)
아니요, 거짓말이요. 베토벤이 잠들고 있질 않아요.
(그래서 그는 베토벤 가까운 데에 묻히게 되었다고 한다.)
　　　　　슈벨트 <오스트리아 작곡가>
　　　　　　　＊
덧문을 활짝 열어다오. 빛을. ……더 빛을.
　　　　　　괴테 <독일 시인>
　　　　　　　＊
마지막이다. 이 목숨! 목숨은 마지막이다…… 숨쉬는 것이 괴롭다. 무엇인가가 나를 부순다.
　　　　　　푸시킨 <러시아 시인>
　　　　　　　＊
나는 이젠 틀렸나 보다. 우리들은 될 수 있으면 고

통을 적게 하도록 마음먹어야 한다. 하인들은 방안에 들여놓지 말 게하고 젊은이들도 멀리 떨어져 있게 하시오. 그들은 슬픔을 겪을 뿐 여기 있어 봤자 아무 소용도 없으니까.

벤삼 <영국 철학자>

*

(자매 하나가 침대에 올라가 달라고 부탁해도 고집대로 소파에 앉은 채로 다음같이 되풀이하면서 숨이 끊어졌다.)

싫어, 싫어.

에밀리·브론테 <영국 여류작가>

*

용기를 내어라. 샤롯트(여동생), 용기를 내.

안느·브론테 <영국 여류작가>

*

주여, 나의 불쌍한 영혼을 구해 주소서.

에드가·알란·포우 <미국 작가>

*

이제부터 임종의 고통이 시작됐습니다. ……임종이 시작되는 때를 신이 인간에게 통고해 주심은 참으로 희귀한 은총입니다. 그러한 은총을 신이 저에게 내려주셨습니다. 내 마음을 산란하지 않게 해주십시오.

(죽음 직전 의사가 고통스러우냐고 묻자)

이젠 괴롭지 않습니다.

쇼팽 <포랜드 작곡가>

유언   251

북치는 소리가 목숨을 재촉하고 서쪽 찬바람 날 저물기 바란다.   황천에는 객이 묶는 방도 없을 터인데 오늘밤 유숙할 곳 그 뉘집이런가.
성삼문 <한국 사육신>

*

(난파당해서 남편과 함께 죽었다)
갈 곳에는 죽음만 보일 뿐.   난 아무래도 물가에 닿지 못할 거예요.
사라·마가렛·프러 <미국 여류작가>

*

비안숀! 비안숀(자작소설 속의 의사)을 불러 다줘! 그놈이라면 나 구제해 준다!……
발작크 <불란서 작가>

*

더 힘을 내라! 일어 서서 돌격, 풍차에 돌격…… 빨리 가라!
고고리 <러시아 작가>

*

나의 남은 목숨은 얼마 안 남았어.   의사가 그렇게 말해 줬지.   의사는 숫자까지 들먹였었지.   그래도 나에겐 시간이 있어.   피로가 풀리기 위해서 며칠간쯤은 아직 있을 꺼야…….
베를리오즈 <불란서 작곡가>

*

여보 나는 죽지 않지요? 우리를 떼어놓진 않지요

그렇게도 행복했었으니까요.
샤롯·브론테 <영국 여류작가>

*

하나님
내 죄를 용서 하소서!
아마 하나님은 반드시 내 죄를 용서해 주실 거야 -
용서하는 것만이 그이의 직업이니까 -
하이네 <독일 시인>

*

잠들 수 있다……. 겨우 잠들 수 있다.
뭇세 <불란서 시인>

*

제가 자신의 일을 다 이룩해낸 것은 당신이 잘 알고 계십니다.
존·스튜어드 <영국 철학가>

*

아렉산더(아들), 숨김없이 말해다오. 나의 작품의 몇 장 즘이라도 후세에 남을 것인가?
(안심하십시오. 많이 남을 것입니다)
신에게 걸어 맹세하겠나.
(「맹세합니다」 그러자 눈을 감으면서)
이 세상과는 영원히 하직하노라. 나는 네가 신에 걸어 맹세 한 것을 믿겠다!
알렉상드르 듀마 <불란서 작가>

유언   253

아아, 죽음, 죽음.
                죠르즈 샹드 <불란서 여류화가>
                        *
어머니…….
                무솔구스기 <러시아 작곡가>
                        *
이른바 이것이 죽음이라는 것이다.   그런데……
                토마스·카타일 <스콧트랜드 역사가>
                        *
(낡은 성경책을 아무데나 마음대로 펼치게 하였다.   아내는 소리내어 그 대목을 읽었다. 「예수께서 답하여 말씀하시기를 「나를 말리지 말라.   내가 이같이 올바른 일을 모두 이룩한 것을 당연 하도다」 그는 잠시 생각하더니 말했다.)
「잘 알았지요! 나를 말리지 말라! 내 차례가 돌아 왔다.   죽지 않으면 안된다」
                도스토예프스끼 <러시아 작가>
                        *
여기서 낮과 밤이 싸우고 있다.
                빅토르·위고 <불란서 작가>
                        *
좀더 가까이 다가와 주시오……더 가까이……. 작별할 때가…… 러시아 황제들처럼 작별의 때가 다가 왔습니다.
(친구인 뷔알도 부인을 알아본 모양)
여왕 중의 여왕이 있네.   그녀는 참으로 잘해 주었

254 유언

지.
> **뚜르게네프** <러시아 작가>

*

(고향마을 폴란드에서 찾아온 여동생에게)
내가 위독한 것이 트림 없다는 것을 이제 겨우 알겠다. 네가 여기까지 불리어 왔으니까 말이다.
> **롱크페로** <미국 시인>

*

토리스탄……. (6일전 병중임에도 무리해서 구경 같던 와그너의 악극「토리스탄과 이쫄데」를 말함)
> **프란츠·리스트** <헝가리 작곡가>

*

(권총자살을 기도하여)
나는 죽으려고 했는데 실패하였네.
(그 이틀 후)
나는 이렇게 해서 죽어가고 싶다.
> **반·고호** <네덜란드 화가>

*

이젠 틀렸다.
> **루이·바스틸** <불란서 생물학자>

*

(성대의 경련이 무리해서 아내와 딸에게 글을 썼다)
좀전에 갑작스레 일어났던 경련이 밤중에 재발해서 나를 쳐서 이길 지도 모른다. 지금 내가 50년에 걸친 노트의 산더미를 생각했다고 해서 놀라지는 않겠지.

그것은 너희들에게는 대단한 짐 보따리에 불과하리라. 그 노트의 어느 한 장도 아무 쓸모가 없는 것이니까. 단지 나만이 그 속에 있는 것을 끄집어 낼 수 있을 것이다……. 다 틀려버린 이 몇 해 동안 내 뜻대로 되어 있었다면 나는 그리 했겠지만. 그러니까 태워 버리시오. 그 속에는 문화적 유산은 없어요. 다른 사람의 재량에 맡겨두어도 안돼. 즉 호사가나 친구들이 끼여드는 것을 일절 거절하시오. 그들에게는 아무 것도 분간할 수 없을 것이라 하시오. 그것은 참말이니까. 그리고 너희들 성실한 예술가의 생애를 이렇게까지 존중해 줄 수 있었던 이 세상에서 유일한 사람들이었던 너희들은 매우 훌륭함에 틀림없었다 함을 믿어다오.

스테판·말라르메 <불란서 시인>

*

편하게 죽게 해주는 유일한 곳은 카톨릭성당 뿐이다.

오스카·와일드 <영국 작가>

*

(한잔의 포도주를 마셔버리고 나서)
응, 이것은 맛있는데!

브람스 <독일 작곡가>

*

견뎌내라, 견뎌내자…… 신의 뜻대로 행하여 주시기를.

죠지·로버트·깃싱 <영국 작가>

나는 죽는다.
(의사가 처방해준 샴펜 글라스를 아내가 건네주자)
오랫동안 샴페인을 마셔보지 않았었지.

체홉 <러시아 작가>

*

그래서 퓨뷔스・드・샤반느는 아름답지 않다고 하는 겐가!

오규스토・로댕 <불란서 조각가>

*

안녕, 그럼 또다시, 라고 말해두련다. 또 다시 만날 테니까.

마크・트웨인 <미국 작가>

*

나는 진실을 사랑해…… 매우……진실을 사랑한다.

레프・톨스토이 <러시아 작가>

*

(파리의 자선병원에서)
그리운 이태리여.

아메디오・모쯔리아니 <이태리 화가>

*

(그가 구술하는 문장을 필기하던 아내가「그렇게 서둘지 마세요」하고 청하니까)
그래도 서둘지 않으면 안돼요. 정리가 된 것은 겨우 조금뿐이며 아직도 할 일은 태산 같이 남아 있어.

에이・그레함・벨 <미국 물리학자>

(동생에게)
아아! 로베트! 도저히.

푸루스트 <불란서 작가>

*

어머님, 어머님!

아나톨·프란스 <불란서 작가>

*

앞으로는 누가 슈베르트에 대해서 걱정해 줄 것인가!

구스탑·마러 <오스트리아 작곡가>

*

(자신의 결핵이 남에게 옮겨짐을 부단히 두려워하던 그는 머리를 떠받쳐주던 친구를 여동생인 줄 착각해서)

이봐, 에리. 너무 가까이 다가서면 안돼. 너무 가까이 있지 말라니까.

(친구가 조금 몸을 일으키니까)

그래, 그러면 됐어.

프란츠·카프까 <독일 작가>

*

(아내를 향해서)

엘뷔라…… 아아, 여보,…… 가엾어라!

쟈꼬모·붓치니 <이태리 작곡가>

*

(두 아들에게)

내가 이 세상을 떠난 뒤 너희들은 나의 작품에 대해 이렇게 말하는 것을 귀로 듣게 되겠지. 요컨대, 단지

이 정도였나! 라고……. 아마 사람들은 나의 작품에서 떨어져 가버리겠지. 괴롭거나 슬퍼하지 말라. 그것은 피할 수 없는 것으로써 싼·썬스나 다른 이들에게도 일어났던 일이다. ……언제나 일시적으로 잊게끔 되는 것이야. ……그런 건 모두 별로 대수로운 것이 아니지. 나는 할 수 있는 만큼은 해내었어. ……뒤처리는 신이여, 판결을 내려주소서.

가부리엘·퍼레 <불란서 작곡가>

*

(아내를 향하여)
당신을 위해 이런 글을 지어 넣은 상패를 만들어야 되겠어. 「모든 간호부 중에서 가장 우수한 자에게」라고.

코난·도일 <영국 작가>

*

(혼수 상태에서 깨어나서)
저 세상은 매우 아름다워.

토마스·에디슨 <미국 발명가>

*

(주사를 놔주려 온 의사를 향해서)
싫어요. 가만히 내버려두시오.

퀴리 부인 <불란서 물리학자>

*

부탁하네 알렉(비서), 도와줘, 난 죽는다.

싱크레아·루이스 <미국 작가>

(신자는 죽음에 임했을 때 그 신앙으로 도움을 받느냐는 친구의 물음에 답해서)
　천만의 말씀.　그네들이야말로 공포를 더 느끼지. 그들은 악마나 사신의 큰 낫을 두려워하니까.　나로 말한다면 자신의 근본사상에 동요됨이 없는 충실한 채 그대로이므로 나에게는 벽만 있으면 충분해.

폴 · 발레리 <불란서 작가>

*

　해결의 길은 이제 아주 확연해졌다.　빛이냐, 어둠이냐, 그 어느 쪽을 누구나가 선택하지 않으면 아니된다.

길버드 · 기스 · 체스타톤 <영국 작가>

*

　겟펠스(그의 부하), 나와 처의 시신이 잘 탔는지 어떤지 확인할 것을 맡기는 바이다.

아돌프 · 히틀러 <독일 총통>

*

　아이 라마! (아아, 나의 신이여!)

마하트마 · 간디 <인도 철학자>

*

　이 세상일은 이제 깨끗이 마무리했다.　최후의 시간이다!……응, 그래 죽음이 찾아 왔구나.

프란츠 · 레할 <오스트리아 작곡가>

*

(간호부를 향해서)
　당신은 아주 낡고 오래된 골동품처럼 내 생명을 보전

시키려고 하지만 나는 이제 글렀어. 마지막이오. 나는 죽습니다.
                    죠지·버나드·쇼 <영국 극작가>
                         *
죽게 해 주어……. 난 두렵지 않아.
                    폴·크로델 <불란서 작가>
                         *
내가 죽으면 만나러 오지 않으면 좋겠어.
                    마리·로란상 <불란서 여배우>

제10장 시인(詩人)의 비문(碑文)

1 시비문(詩碑文)
2 효비문(孝碑文)

제10장 시인(詩人)의 비문(碑文)

1 시비문(詩碑文)

월파 김상용(月坡 金尙鎔)

☐ 비문

　　　향수(鄕愁)
　　인적 끊긴 산속
　　돌을 베고 하늘을 보오

　　구름이 가고
　　있지도 않은
　　고향이 그립소

☐ 비석
　　서울특별시 중량구 망우동 공동묘지
　　　　　　*
김수영(金洙暎)

☐ 비문
　　풀이

눕는다
바람보다도
더 빨리 눕는다
바람보다도
더 빨리 울고
바람보다
먼저 일어난다.

□ 비석
　　서울특별시 도봉구 도봉동
　　　　　＊
학산 김용호(鶴山 金容浩)

□ 비문
　　　날　개
　거리에 서면
　부연 먼지와 거센 바람

　파아란 하늘이 그리워
　발돋움하면
　넌 나를
　절름발이라 하는구나

　어디 메로 가는 구름이기에
　<이스라엘>백성이 바라보던

구름이기에
움파인 마음 한구석에
철늦은 비를 따르느냐

먼지도
바람도
비도
모두 멎어라
천길 땅속 뻗은 뿌리에
싹은 터라

내 살고 싶구나
짧은 한쪽다리를 어루만져
내 날고 싶구나

☐ 비석
　　서울특별시 단국대학교
　　　　*
영랑 김윤식(永郎 金允植)

☐ 비문
　　모란이 피기까지는
　　나는 아직 나의 봄을 기다리고 있을 테요
　　모란이 뚝뚝 떨어져 버린 날
　　나는 비로소 봄을 여흰 서름에 잠길 테요

☐ 비석
　　서울특별시 중량구 망우동 공동묘지
　　　　　　　＊
소월 김정식(素月 金廷湜)

☐ 비문(1)
　　　진달래 꽃
　　나보기가 역겨워
　　가실 때에는
　　말없이 고이 보내 드리우리다.

　　영변에 약산
　　진달래꽃
　　아름 따다 가실 길에 뿌리우리다
　　가시는 걸음 걸음
　　놓인 그 꽃을
　　사뿐히 즈려 밟고 가시옵소서

　　나보기가 역겨워
　　가실 때에는
　　죽어도 아니 눈물 흘리오리다

☐ 비석
　　서울특별시 배재고등학교

소월 김정식(素月 金廷湜)

□ 비문(2)

　　　　산유화
　　산에는 꽃피네.
　　꽃이 피네.
　　갈 봄 여름 없이
　　꽃이 피네.

　　산에
　　산에
　　피는 꽃은
　　저만치 혼자서 피어 있네.

　　산에서 우는 작은 새여,
　　꽃이 좋아
　　산에서
　　사노라네.

　　산에는 꽃 지네.
　　꽃이 지네
　　갈 봄 여름 없이
　　꽃이 지네.

□ 비석

서울특별시 남산공원
*
노천명(盧天命)

☐ 비문
베로니카
눈물어린 얼굴을 도리키고
나는 이곳을 떠나련다
개 짖는 마을아
닭이 새벽을 알리는 초가들아
잘 있거라
별이 있고
하늘이 보이고
거기 자유가
닫혀지지 않는 곳이라면

☐ 비석
경기도 고양시 벽제동
*
청마 류치환(靑馬 柳致環)

☐ 비문
깃 발
이것은 소리 없는 아우성
저 푸른

해원(海原)을 향하여
흔드는
영원한
노스탤지어의 손수건
순정(純情)은 물결같이
바람에 나부끼고
오로지 맑고 곧은
이념(理念)의 표(標)대 끝에
애수(哀愁)는 백로(白鷺)처럼
날개를 펴다.
아 누구든가
이렇게 슬프고도
애달픈 마음을
맨 처음 공중에
달 줄을 안
그는

□ 비석
경상남도 충무시 남산공원

*

용아 박용철(朴龍喆)

□ 비문
나두야 간다.
나의 이 젊은 나이를

눈물로야 보낼 거냐
나두야 가련다

□ 비석
광주광역시 광주공원
*
박인환(朴寅煥)

□ 비문
지금 그 사람 이름은 잊었지만
그 눈동자 입술은
내 가슴에 있네

□ 비석
서울특별시 중랑구 망우동 공동묘지
*
수주 변영노(樹州 卞榮魯)

□ 비문
생시에 못 뵈올 님을 꿈에나 뵐까 하여
꿈 가는 푸른 고개 넘기는 넘었으나,
꿈조차 흔들리우고 흔들리어
그립던 그대 가까울 듯 멀어라.

<앞략> 인생은 가고야 마는 것 수주(樹州)도 63기를 일기(一期)로 그 유해(遺骸)가 여기 잠들고 있으나 그 정혼(精魂)은 광복(光復)된 조국(祖國)을 천상(天上)에서 굽어 살피며 계실 것이다.   영원히 또 영원히.

☐ 비석
　　경기도 부천시 오정구 고강동
　　　　　＊

미당 서정주(未堂 徐廷柱)

☐ 비문
　　선운사 골짜기로
　　선운산 동백꽃을
　　보러 갔더니
　　동백꽃은 아직 일러
　　피지 안했고
　　막걸리집 여자의
　　육자배기 가락에
　　작년 것만 상기도 남았습니다.
　　그것도 목이 쉬어 남았습니다.

☐ 비석
　　전라북도 고창군 고창읍 선운사
　　　　　＊

신동엽(申東曄)

□ 비문

　　　山에 언덕에
　　그리운 그의 얼굴
　　다시 찾을 수 없어도
　　화사한 그의 꽃
　　산에 언덕에 피어 날지어이

　　그리운 그의 노래
　　다시 들을 수 없어도
　　맑은 그 숨결
　　들에 숲 속에 살아 갈지어이

　　그리운 그의 모습
　　다시 찾을 수 없어도
　　울고 간 그의 영혼
　　들에 언덕에 피어 날지어이

<앞략> 그의 시와 인간을 사랑하던 문단 동문 동향의 친지와 그의 훈도를 받던 제자들이 일주기에 추모의 정을 금할 바 없어 돌 하나를 다듬어 그의 시 한편을 새겨 그가 나서 자란 백마강 기슭에 세운다.

□ 비석
　　충청남도 부여군 부여읍 나성지
　　　　　＊
공초 오상순(空超 吳相淳)

□ 비문
　　흐름 위에
　　보금자리 친
　　오 흐름 위에
　　보금자리 친
　　나의 혼(魂)……

□ 비석
　　서울특별시 강북구 수유동
　　　　　＊
윤동주(尹東柱)

□ 비문
　　죽는 날까지 하늘을 우러러
　　한점 부끄럼이 없기를,
　　잎새에 이는 바람에도
　　나는 괴로워했다.
　　별을 노래하는 마음으로
　　모든 죽어 가는 것을 사랑해야지
　　그리고 나한테 주어진 길을

274　시비문

　　　걸어가야겠다.
　　　오늘밤에도 별이 바람에 스치운다.

　　＜앞략＞ 그가 이 동산을 거닐며 지은 구슬
　　같은 시들은 암흑기 민족문학의 마지막 등
　　불로서 겨레의 가슴을 울리니 그 메아리
　　하늘과 바람과 별과 더불어 길이 그치지 않
　　는다.　여기 그를 따르고 아끼는 학생 친지
　　동문 동학들이 정성을 모아 그의 체온이
　　깃들인 이 언덕에 그의 시 한 수를 새겨서
　　이 시비를 세운다.

□ 비석
　　서울특별시 연세대학교
　　　　　　　＊
가람 이병기(李秉岐)

□ 비문
　　　　　시　름
　　그대로 괴로운 숨지고 이어 가랴 하니
　　좁은 가슴 안에 나날이 돋는 시름
　　회도는 실꾸리같이 감기기만 하여라

　　아아 슬프던 말 차라리 말을 마라
　　물도 아니고 돌도 또한 아닌 몸이

웃음도 잊어버리고 눈물마저 모르겠다.

쌀쌀한 되바람이 이따금 불어온다.
실낱만치도 별은 아니 비쳐 든다.
친구들 외로이 앉아 못내 초조 하노라

☐ 비석
    전라북도 전주시 다가공원

*

이상화(李相和)

☐ 비문
    마돈나 밤이 주는 꿈 우리가 엮는 꿈
    사람이 안고 궁그는 목숨의 꿈이
    다르지 않으니
    아 어린애 가슴처럼
    세월(歲月) 모르는 나의 침실(寢室)로
    가자 아름답고 오랜 거게로

<앞략> 흘러간 물의 자취를 굳이 찾을 것이 아니로되 시인(詩人)의 조찰한 생애(生涯)를 추념(追念)하는 뜻과 아울러 뒤에 남은 자(者)의 허술하고 아쉬운 마음을 스스로 달래자는 생각으로 적은 뜻을 새겨 여기 세우기로 한다.

☐ 비석
　대구광역시 달성공원

*

육사 이원록(陸史 李源祿)

☐ 비문
　까마득한 날에
　하늘이 처음 열리고
　어데 닭 우는소리 들렸으랴

　모든 산맥(山脈)들이
　바다를 연모(戀慕)해 휘날릴 때도
　차마 이곳을 범(犯)하던 못 하였으리라

　끊임없는 광음(光陰)을
　부지런히 계절(季節)이 피어선 지고
　큰 강(江)물이 비로소 길을 열었다.

　지금 눈 내리고
　매화향기(梅花香氣) 홀로 아득하니
　내 여기 가난한 노래의 씨를 뿌려라

　다시 천고(千古)의 뒤에
　백마(白馬)타고 오는 초인(超人)이 있어

이 광야(曠野)에서 목놓아 부르게 하리라

☐ 비석
　　경상북도 안동시 낙동강 기슭
　　　　　＊
노산 이은상(鷺山 李殷相)

☐ 비문(1)
　　　　부산탑 찬가
　　여기는 이 나라 관문
　　국토의 정기가 서려 맺힌 곳
　　백두산 힘차게 뻗어 내린 금정산맥
　　앞 바다 푸른 물결 태평양 맞물렸네

　　첨성대처럼 곧게곧게 치솟은 탑 위에
　　높이 올라 저 멀리 바라보라

　　통일과 번영과 자유와 평화의 큰 길이
　　영롱한 햇빛 아래 눈이 부시고
　　그리고 밀물보다 더 거세게 달려가는
　　이 땅 겨레의 의기에 찬 모습

　　우리는 무궁화 피는 나라의 국민
　　조국과 인류를 사랑하는 마음의 키가
　　여기 세운 이 탑보다 오히려 높다

울분이 파도같이 벅차 오르던
어제의 피 묻은 온갖 기억들
역사의 가시밭 고갯길 허우적 거리며
고난을 참고 넘는 오늘의 행진

그러나 우리는 어제와 오늘보다
차라리 다가오는 내일의 삶을 위해
가슴마다 의욕의 밑바닥에 불을 붙인다.

그리고 오색 진주 알보다 더 찬란하고
왕관보다도 더 고귀한 땅 속에서
인간의 즐거운 보람을 발견하고
믿음과 소망과 사랑 속에서
지구 위의 모든 민족과 민족을 위해
평화의 참뜻을 새겨 보라

    통일과 꿈과 번영의 의욕이
    세계로 뻗는 항도 부산의
    큰 뜻을 새기고
    수천 년을 연면한 조상들의
    높은 얼을 받들어
    동백꽃과 오륙도가 상징하고
    이백만 시민의 슬기와 기상을
    영원히 기리고자

시비문 279

여기 용두산 공원에
부산탑을 세우다

☐ 비석
부산광역시 용두산공원
*

☐ 비문(2)
가 고 파
내 고향 남쪽 바다 그 파란 물 눈에 보이네
꿈엔들 잊으리요 그 잔잔한 고향 바다
지금도 그 물새들 날으리 가고파라 가고파

어릴 제 같이 놀던 그 동무들 그리워라
어디 간들 잊으리요 그 뛰놀던 고향 동무
오늘은 다 무얼 하는고 가고파라 가고파

그 물새 그 동무들 고향에 다 있는데
나는 왜 어이다가 떠나 살게 되었는고
온갖 것 다 뿌리치고 돌아갈까 돌아가

가서 한 데 얼려 옛날 같이 살고 지고
내 마음 색동옷 입혀 웃고 웃고 지내고자
그날 그 눈물 없던 때를 찾아가자 찾아가

물나면 모래판에서 가재 거이랑 달음질치고
물들면 뱃장에 누워 별 헤다 잠들었지
세상 일 모르던 날이 그리워라 그리워

여기 물어 보고 저기 가 알아보나
내 몫엔 즐거움은 아무 데도 없는 것을
두고 온 내 보금자리에 가 안기자 가 안겨

처녀들 어미 되고 동자들 아비 된 사이
인생의 가는 길이 나뉘어 이렇구나
잃어진 내 기쁨의 길이 아까워라 아까워

일하여 시름없고 단잠 들어 죄 없는 몸이
그 바다 물소리를 밤낮에 듣는구나
벗들아 너희는 복된 자다 부러워

옛 동무 노 젓는 배에 얻어 올라 키를 잡고
한 바다 물을 따라 나명들명 살까이나
맞잡고 그물 던지며 노래하자 노래해

거기 아침은 오고 또 거기 석양은 져도
찬 얼음 센바람은 들지 못하는 그 나라로
돌아가 알몸으로 살꺼나 깨끗이도 깨끗이

<앞략> 그 누가 고향과 조국을 잊을 것이랴

그러므로 이 가고파는 앞으로도 끊임없이 모든
사람들의 가슴에 사무쳐 애송되고 애창될 것이
다.
　　이제 지은이의 고향 마산에 그 노래비를 세
우거니와 그의 깨끗한 뜻과 노래는 이 아름다
운 자연과 함께 길이 갈 것이다.

☐ 비석
　　경상남도 마산시 산호공원

*

이호우(李鎬雨)

☐ 비문
　　　　개화(開花)
　　꽃이 피네 한잎 한잎
　　한 하늘이 열리고 있네

　　마침내 남은 한 잎이
　　마지막 떨고 있는 고비

　　바람도 햇볕도 숨을 죽이네
　　나도 가만 눈을 감네

　<앞략> 하늘과 땅 사이에 눈감고 앉으면 바
위 되어 금이 가고 무잡한 세월을 밟고 서면

시비문(詩碑文)

낙낙하여 장송처럼 탄식하던 이 이제 시인은
가고 노래는 남아 생전에 우애를 나누던
문우와 후학과 친지들이 손에 받들려 한 덩
이 돌을 세웠으니 그가 거닐던 대구의 땅이
앞산 마루에 시심은 솔바람과 더불어 타올라
영원토록 꺼질 날이 없을 것이다.

☐ 비석
    대구광역시 앞산공원

*

조지훈(趙芝薰)

☐ 비문
    파초우(芭蕉雨)
  외로이 흘러간
  한 송이 구름
  이 밤을 어디 메서
  쉬리라던고

  성긴 빗방울
  파촛잎에 후두기는 저녁 어스름
  창 열고 푸른 산과
  마주 앉아라

  들어도 싫지 않은

물 소리에
날마다 바라도 그리운 산아

온 아츰 나의 꿈을
스쳐간 구름
이 밤을 어디메서
쉬리라던고

□ 비석
　서울특별시 남산공원
　　　　*
만해 한용운(萬海 韓龍雲)

□ 비문
　봄날이 고요키로 향을 피고 앉았더니
　삽살개 꿈을 꾸고 거미는 줄을 친다.
　어디서 꾸꾹이 소리 산을 넘어 오더라
　따슨볕 등에 지고 유마경(維摩經) 읽노라니
　가벼웁게 나는 꽃이 글자를 가리운다.
　꽃밑 글자를 읽어 무삼 하리요
　대실로 비단 짜고 솔잎으로 바늘 삼아 만고청
　(萬古靑)
　수를 놓아 옷을 지어 두었다가
　어즈버 해가 차거든 우리 님께 드리리라.

284 효비문

☐ 비석
　　서울특별시 종로구 탑골공원

2 효비문(孝碑文)

양산 안항석(羊山 安恒錫)

☐ 비문
　　　　　　孝心無限
　　이곳은, 효행(孝行)이 지극하신 분을
　　만고불변의 고향 땅, 좋을 곳을 택하여
　　그 효심을 고이 아로새긴 곳
　　세월도 맑고 무한하도다

　　옛부터, 효심은 인륜(人倫)의 근본이요
　　백행(百行)의 근원이라 했지만

　　여기 그 효심을 지키고 실행하는 종친들이
　　지극한 정성으로 그 효심의 돌을 세우니
　　어찌 그 효성(孝誠)에
　　한 치의 티가 있으랴

　　이곳에 모신

양산 안항석(羊山 安恒錫) 선생이시여
선생께서 생전에 베푸신 것처럼
종친들의 정성을 받아들이시어
천년 만년 대대로
오래 후손들을 잘 보살펴주시길

선생께서 생전에 좋을 일 많이 하시고
그 업적을 세상에 널리
남기신 것처럼

오, 이곳을 쉬어 가는 사람들이여
그 지극한 효심(孝心)에 스스로를 다듬어
어버이 섬기기를
하늘같이 할지어다

片雲 趙炳華
(시인·대한민국예술원 회장)

☐ 비석
전라남도 함평군 나산면 나산리 효자각

이것이 인간이다 값 10,000원

인쇄일 2000년 3월 20일
발행일 2000년 3월 25일
발행인 안 영 동
발행처 출판사 동양서적
　　　 서울시 은평구 응암1동 87-31
　　　 전화 357-4722~3
　　　 FAX 357-4721
등록일 1976년 9월 6일
등록번호 제 6-11호

ISBN 89-7262-065-3 13810